生态旅游

徐菲菲　编著

东南大学出版社
SOUTHEAST UNIVERSITY PRESS
·南京·

图书在版编目(CIP)数据

生态旅游 / 徐菲菲编著. —— 南京：东南大学出版社，2024.4

ISBN 978-7-5766-1360-5

Ⅰ. ①生… Ⅱ. ①徐… Ⅲ. ①生态旅游—教材 Ⅳ. ①F590.75

中国国家版本馆 CIP 数据核字(2024)第 059723 号

生 态 旅 游
Shengtai Lüyou

编　　著：	徐菲菲
出版发行：	东南大学出版社
社　　址：	南京四牌楼 2 号　邮编：210096　电话：025 - 83793330
出 版 人：	白云飞
网　　址：	http://www.seupress.com
电子邮件：	press@seupress.com
经　　销：	全国各地新华书店
印　　刷：	广东虎彩云印刷有限公司
开　　本：	700mm×1 000mm　1/16
印　　张：	13
字　　数：	255 千字
版　　次：	2024 年 4 月第 1 版
印　　次：	2024 年 4 月第 1 次印刷
书　　号：	ISBN 978-7-5766-1360-5
定　　价：	48.00 元

本社图书若有印装质量问题，请直接与营销部联系调换。电话(传真)：025-83791830

责任编辑：刘庆楚　　责任校对：张万莹　　封面设计：徐菲菲　　责任印制：周荣虎

前　　言

党的二十大报告指出"中国式现代化是人与自然和谐共生的现代化",我们"必须牢固树立和践行绿水青山就是金山银山的理念,站在人与自然和谐共生的高度谋划发展"。

生态旅游是由国际自然保护联盟(IUCN)提出的旅游概念,以可持续发展为理念,以保护生态为前提,以统筹人与自然和谐发展为准则,并依托良好的自然生态环境和独特的人文生态系统,采取生态友好的方式开展生态体验、生态教育、生态认知并获得身心愉悦的旅游方式。生态旅游被赋予保护自然环境和维护当地人民生活的双重责任,是旅游活动中人与自然和谐共生的体现,也是旅游业践行"两山理论",推动绿色发展的必然要求。

为积极响应国家战略,促进我国生态旅游的高质量发展,立足我国生态旅游发展现状,培养专业领军人才,我们结合东南大学"生态旅游理论与实践"的教学内容,特编写一部融合我国生态旅游理论探索与实践的专业教材。

本书力求在以下方面形成自己的特色:

首先,本书积极响应国家战略。教材在内容选择上紧紧契合了国家战略,将生态旅游置于我国实现"双碳"目标、推动生态文明建设的大背景之下。结合国家公园旅游、野生动物旅游、乡村旅游等生态旅游形式,全面系统地论述了生态旅游对于实现人与自然和谐共生的中国式现代化的重要意义。

其次,本书内容融入思政元素。教材在设计内容时充分考虑了课程思政的理念和要求,将"绿水青山就是金山银山"的"两山理论"、建设美丽中国的家国情怀等理念与我国的生态旅游实践相结合,将"育人"融于教学实践中,不仅能够拓展学生的知识视野,也可以提升学生的思想认知。

再次，本书剖析优秀案例。教材在编写过程中选取了国内外具有典型意义的生态旅游案例数十个，较为全面地反映了当前国内外生态旅游的发展现状与动态。同时，作者团队多年来致力于生态旅游相关研究，主持和参加过多个生态旅游相关的课题，积累了大量珍贵的一手数据，这些数据资料进一步丰富了教材的内容。

最后，书中内容聚焦热点问题。教材重点关注当下生态旅游发展的一些前沿热点问题，包括大数据在生态旅游发展中的发展和应用、气候变化、国家公园、野生动物旅游、乡村旅游等新兴生态旅游模式的发展现状与特征分析等等。

本书遵循"概念—发展—理论—实践"的思路，架构教材内容，覆盖生态旅游系统、产业、利益相关者等生态旅游核心概念与要素，系统性地梳理了生态旅游的发展过程、理论体系、产业实践。教材共分为8个章节：

第一章为生态旅游概述，主要阐述了和本书密切相关的生态旅游、可持续发展以及绿色经济的概念，包括生态旅游的概念、特征，可持续发展的概念和发展历程，可持续发展的目标，绿色经济的相关概念，"两山理论"的内涵，以及生态旅游与可持续发展和绿色经济的关系等。

第二章为生态旅游发展概况，介绍了生态旅游的兴起背景与发展历程，探讨了人类、环境与旅游的关系，对比了发达国家与发展中国家的生态旅游发展背景、发展理念、开发重点和客源市场的差异。

第三章为生态旅游系统，阐释了生态旅游系统的概念和特征，探讨了生态系统与旅游活动的关系，剖析了旅游活动对生态系统的影响，并阐释了景观生态学的相关理论以及景观生态学在旅游中的应用。

第四章重点探讨了生态旅游产业，从生态旅游的结构入手，探讨了生态旅游的产业结构构成、生态旅游认证、评估和质量控制，并重点介绍了绿色饭店的概念、认证和绿色营销。

第五章为生态旅游中的利益相关者。生态旅游活动中涉及的利益相关者众多，本书着重论述了生态旅游中的三个核心利益相关者群体：导游、生态旅游者、社区居民，关注他们在发展生态旅游中的角色和作用，并辅以相关案例进行解读。

第六章从生态旅游供给侧层面探讨了生态旅游产品和体验，论述了生态旅游产品的特点、类型以及生态旅游产品设计的原则,并重点介绍了生态旅游体验管理。

第七章和第八章为生态旅游专题,其中第七章为典型生态旅游类型,重点介绍了国家公园旅游、野生动物旅游、乡村旅游三种当下较为典型的生态旅游类型以及各类型在国内外的发展状况;而第八章则从研究层面,从气候变化与大数据等新兴热点视角关注了其与生态旅游的联系以及相关研究应用。

以上八章,共同构成了生态旅游的供给和需求系统,力争全面、系统地阐述生态旅游的发展历程、相关理论体系以及生态旅游产业实践,并通过典型的生态旅游专题进行阐释。

本书是在东南大学徐菲菲教授"生态旅游理论与实践"这门课程讲稿的基础上进行整理的。感谢殷进、周进、蔡静、王佳钰、韩磊、严星雨、刘婧媛、钟雪晴、王丽君、杨正轩、咸子明、陈旭等各位协助整理的老师和同学,也感谢各位同仁、朋友在本书出版过程中所给予的关心和支持。感谢东南大学出版社编辑部各位老师不厌其烦的一遍遍校对和修改。特别感谢我所工作的东南大学,将本书纳入教材出版资助项目中,予以资金上的资助,使本书得以顺利出版。

由于作者水平和认识有限,书中难免存在错误和疏漏之处,望广大读者批评指正,不吝赐教。

目 录

第一章 生态旅游概述 ······ 001
  1.1 生态旅游概念 ······ 002
  1.2 生态旅游特征 ······ 004
    1.2.1 以自然为基础 ······ 004
    1.2.2 生态上的可持续 ······ 004
    1.2.3 环境教育性 ······ 005
    1.2.4 对当地有利 ······ 005
    1.2.5 提升游客满意度 ······ 005
  1.3 可持续发展与生态旅游 ······ 006
    1.3.1 可持续发展的概念 ······ 006
    1.3.2 可持续发展的历史 ······ 007
    1.3.3 可持续发展的目标 ······ 008
    1.3.4 生态旅游促进可持续发展目标的实现 ······ 013
  1.4 绿色经济与生态旅游 ······ 014
    1.4.1 绿色经济的概念 ······ 014
    1.4.2 "两山"理论 ······ 015
    1.4.3 生态旅游"绿色"发展 ······ 016

第二章 生态旅游发展历程 ······ 018
  2.1 生态旅游的兴起与发展 ······ 018
    2.1.1 兴起背景 ······ 018

2.1.2　发展历程 ······ 020
　2.2　自然环境与生态旅游 ······ 023
　　　2.2.1　环境与自然环境 ······ 024
　　　2.2.2　人类、环境与旅游的关系 ······ 025
　2.3　发达国家与发展中国家的生态旅游比较 ······ 025
　　　2.3.1　兴起背景的差异 ······ 026
　　　2.3.2　发展理念的差异 ······ 026
　　　2.3.3　开发重点的差异 ······ 027
　　　2.3.4　客源市场的差异 ······ 027
　　　2.3.5　科学研究的差异 ······ 028
　2.4　中国的生态旅游发展历程 ······ 030
　　　2.4.1　中国古老观念中的"天人合一"观念 ······ 030
　　　2.4.2　第一届东亚地区国家公园和保护区会议 ······ 030
　　　2.4.3　第一届生态旅游研讨会 ······ 031
　　　2.4.4　中国"生态旅游元年" ······ 031
　　　2.4.5　全国主题旅游年——"中国生态旅游年" ······ 031
　　　2.4.6　"绿水青山就是金山银山" ······ 032
　　　2.4.7　"人与自然和谐共生"成为中国人民价值观基因 ······ 032

第三章　生态旅游系统 ······ 033
　3.1　基于生态系统理论的生态旅游系统 ······ 033
　　　3.1.1　生态系统的概念与特征 ······ 033
　　　3.1.2　生态系统与旅游活动 ······ 034
　　　3.1.3　生态旅游与环境保护 ······ 037
　3.2　基于景观生态学的生态旅游系统 ······ 041
　　　3.2.1　景观生态学概述 ······ 042
　　　3.2.2　生态旅游系统 ······ 044

第四章　生态旅游产业发展 ······ 048
　4.1　生态旅游业概述 ······ 048

  4.1.1 生态旅游业的定义与范围 ·········· 048
  4.1.2 生态旅游业结构 ·········· 049
 4.2 生态旅游业的质量控制 ·········· 053
  4.2.1 生态旅游业质量控制维度 ·········· 053
  4.2.2 生态旅游业行为规则与允许度 ·········· 054
  4.2.3 生态旅游评估认证计划 ·········· 054
  4.2.4 生态旅游业质量认证体系与认证证书 ·········· 057
 4.3 绿色饭店 ·········· 058
  4.3.1 绿色饭店概况 ·········· 058
  4.3.2 绿色饭店的评定标准 ·········· 059
  4.3.3 绿色饭店的作用 ·········· 060
  4.3.4 绿色饭店的绿色营销 ·········· 061

第五章 生态旅游利益相关者 ·········· 063

 5.1 利益相关者 ·········· 063
  5.1.1 利益相关者理论 ·········· 063
  5.1.2 生态旅游利益相关者界定 ·········· 064
  5.1.3 生态旅游利益相关者的层次划分 ·········· 065
 5.2 导游 ·········· 066
  5.2.1 生态旅游中的导游 ·········· 066
  5.2.2 导游在生态旅游中的角色与责任 ·········· 067
  5.2.3 导游在生态旅游中的作用 ·········· 070
  5.2.4 生态旅游导游的培训和管理 ·········· 072
 5.3 生态旅游者 ·········· 073
  5.3.1 生态旅游者的概念 ·········· 073
  5.3.2 生态旅游者的识别 ·········· 074
  5.3.3 生态旅游者的分类 ·········· 077
  5.3.4 生态旅游者的培养 ·········· 080
 5.4 社区居民 ·········· 083
  5.4.1 生态旅游社区参与的内涵 ·········· 083

5.4.2　生态旅游对社区的影响 ·· 087
　　5.4.3　生态旅游社区参与现状 ·· 089
　　5.4.4　生态旅游社区参与的影响因素 ······································ 092
　　5.4.5　生态旅游社区参与的意义 ··· 095
　　5.4.6　生态旅游社区参与体系构建 ·· 096

第六章　生态旅游产品与体验 ·· 102
6.1　生态旅游产品 ·· 102
　　6.1.1　生态旅游产品的概念及特点 ··· 102
　　6.1.2　生态旅游产品类型 ··· 104
　　6.1.3　生态旅游产品设计 ··· 107
6.2　生态旅游体验管理 ··· 112
　　6.2.1　生态旅游体验的定义 ·· 112
　　6.2.2　生态旅游体验类型 ··· 113
　　6.2.3　生态旅游体验质量 ··· 114

第七章　典型生态旅游类型 ··· 120
7.1　国家公园旅游 ··· 120
　　7.1.1　国家公园的定义、功能与特征 ······································ 121
　　7.1.2　国家公园体系 ··· 122
　　7.1.3　国家公园中旅游的作用 ··· 130
7.2　野生动物旅游 ··· 131
　　7.2.1　野生动物旅游发展现状 ··· 131
　　7.2.2　野生动物旅游的开发与保护 ··· 132
　　7.2.3　面临挑战与应对策略 ·· 133
7.3　乡村旅游 ··· 135
　　7.3.1　乡村旅游的概念、特征与发展 ······································ 135
　　7.3.2　我国的乡村旅游与生态文明建设 ··································· 138
　　7.3.3　乡村环境中开展生态旅游的形式与业态 ·························· 140
　　7.3.4　典型乡村生态旅游案例 ··· 144

第八章 生态旅游前沿热点 ············ 148
8.1 气候变化与生态旅游 ············ 148
- 8.1.1 气候变化概述 ············ 148
- 8.1.2 气候变化与旅游业的关系 ············ 150
- 8.1.3 生态旅游的困境 ············ 153

8.2 大数据与生态旅游 ············ 154
- 8.2.1 大数据的定义 ············ 154
- 8.2.2 旅游大数据的定义 ············ 155
- 8.2.3 旅游大数据的特征 ············ 156
- 8.2.4 旅游大数据的用途 ············ 159
- 8.2.5 大数据在生态旅游中的应用 ············ 162

参考文献 ············ 170

第一章

生态旅游概述

从原始社会至今,人类在经历了蒙昧生态和征服生态两个阶段后,正式迈入第三个阶段——生态时代[1]。从蒙昧生态阶段人与自然的同质和谐,到征服生态阶段人与自然的对立冲突,人们的生产方式从依赖自然转变为与自然对立。漫长的人与自然关系更迭的结果是人类的生存环境不断恶化:森林快速减少、水土流失加剧、荒漠化面积扩大、温室效应显著、垃圾泛滥成灾等一系列环境问题严重困扰着人类,并直接威胁人类自身的生存和发展。在这种情况下,人们开始探索实现人与自然和谐共存的发展道路,可持续发展思想应运而生。这种思想的出现,标志着人类进入第三个时代——生态时代。目前,对"可持续发展"达成的共识为:可持续发展是指既满足当代人的需要,又不削弱后代人满足其需要的能力的发展。可持续发展强调环境与经济的协调,追求人与自然的和谐。

作为经济行业的重要组成部分,旅游业自20世纪50年代起异军突起,旅游活动对于自然景观和生态环境的影响也成为旅游发展中的重要议题。在这一背景之下,有关旅游业的可持续发展成为重要命题,同时也出现了旅游可持续发展的许多重要论述,概括起来主要有[2]:1)旅游发展必须建立在生态环境的承受能力范围内,符合当地经济发展状况和社会道德规范;2)可持续旅游发展的实质,就是要求旅游与自然文化和人类生存环境成为一个整体;3)可持续旅游的目标就是在满足当代人旅游需求的同时,又不破坏后代人满足其旅游需求的能力。

在旅游可持续发展的背景下,探索一种能够满足人们旅游需求且有利于生态环境的旅游方式是旅游业发展的目标。生态旅游成为了这种目标的重要实现形式，并在时代背景之下迅速风靡全球。联合国将2002年定为国际生态旅游年，通过开展有关生态旅游的学术研究、教育活动进行推广。学术界创立了生态旅游杂志，出版了生态百科全书，短短二三十年间有数百篇期刊文章和众多学术著作将"生态旅游"作为研究课题，许多大学也开始提供有关"生态旅游"的大学学位/课程。"生态旅游"成为实现旅游可持续发展的重要途径和兼顾经济与环境效益的旅游形式。

1.1 生态旅游概念

目前对生态旅游的概念并没有一个明确的定义，国内外学术界和有关组织对生态旅游的概念做了多种诠释，可以以时间为主线对各种概念进行梳理并归纳出共同的内涵与特征。

"生态旅游"这一名词第一次出现于1965年，在领克（Link）杂志所刊的赫兹（Hetzer）的文章中，赫兹（Hetzer）基于生态学的理念批判旅游活动对发展中国家造成的冲击，并提出以"Ecological Tourism"的方式取代传统的旅游模式，对自然生态环境和旅游目的地负责任[3]。1983年，墨西哥保育专家谢贝洛斯·拉斯喀瑞（H. Ceballos Lascurain）在文献中首先创造性地使用了"Ecotourism"一词[4]，以该词游说湿地以停止码头建设，将生态旅游作为发展模式以吸引观光客来此观鸟，并通过生态保育来活络当地经济活动。至"生态旅游"作为特定名词出现后，许多用来解释"生态旅游"的概念相继出现。

20世纪八九十年代，谢贝洛斯·拉斯喀瑞于1988年指出"生态旅游是前往相对未受干扰或未受污染的自然区域旅行，其具体目的是研究、欣赏和享受风景及其野生植物和动物，以及在这些地区发现的任何现有文化表现（包括过去和现在）"。库尔特·库泰（Kurt Kutay）则认为"生态旅游是旅游发展的一种模式，选定的自然区域被认为是游憩基地的一部分，那里的生物资源与区域社会经济之间具有明显的联系"。威廉（Williams）提出"生态旅游是在相对原始环境中发生的旅游活动，如：简陋的住宿，泥泞的小路，最基础的设施。旅游者支付是为了能欣赏和近距离接触野生动物，体验当地的文化和保护当地的资源与环境"。此外还有瓦伦丁（Valentine）、华雷斯（Wallace）、莱特（Wright）等学者也提出过相关"生态旅游"的定义[5]，不过，从概念上来说上述说法都具有较强的相似性。总体来说,在20世纪,对于生态旅游的概念性解释基本是基于单一视角,侧重于对具体的旅游行为和旅游吸引物的解释,比较强调生态旅游的经济效益(参见表1-1)。

表1-1 生态旅游相关概念表[5]

生态旅游概念	来源
生态旅游是为了研究、欣赏和品味自然风光、野生动植物及当地文化遗迹而前往相对原始或未被污染的自然区域所从事的旅行活动	Ceballos-Lascuráin(1987)
生态旅游是旅游发展的一种模式,选定的自然区域被认为是游憩基地的一部分,那里的生物资源与区域社会经济之间具有明显的联系	Kutay(1989)
生态旅游是在相对原始环境中发生的旅游活动,如:简陋的住宿,泥泞的小路,最基础的设施。旅游者支付是为了能欣赏和近距离接触野生动物,体验当地的文化和保护当地的资源与环境	Williams(1992)
生态旅游是一种新型、对自然没有破坏、生态上可持续的旅游形式,是前往相对未受干扰的自然区域,以欣赏自然为主要参与目的的旅游,也是能为当地自然区域的保护管理作出直接贡献的旅游	Valentine(1993)
生态旅游是有助于诠释、清查和监测当地环境与资源的旅游活动,它能与当地居民建立起无任何利益目的的友好合作,让每个人都能从旅游活动中得到收益	Wallace(1993)
生态旅游是一种启发式的自然旅游经历,有助于生态系统的保护和对当地社区完整性的尊重	Wright(1993)
生态旅游是在通常距客源地较远且相对自然的区域或其中某一部分(包括稀有或濒危的动植物资源)所发生的旅游活动	沃尔(Wall,1994)
生态旅游是整合自然产品和市场、实施可持续管理、为当地资源环境保护提供资金支持、对每个旅游者和居民进行环境意识教育的旅游活动	包克利(Buckley,1994)
生态旅游是前往相对没有受到干扰的自然区域、对环境负责任的旅游。目的在于享受并了解大自然,以及相应过去与现在的文化特色。其旅游活动负面影响较小,也给当地人们提供了收益及参与社会经济的机会	霍尼(Honey,1999)
生态旅游是一种以自然资源为依托的可持续旅游形式,强调对自然的体验和学习。它一般发生在自然区域,能对那里的保护和维护作出贡献	芬内尔(Fennell,2001)

资料来源:根据以往文献整理

进入到21世纪,社会和经济元素的交叉程度与经济和环境的关联程度进一步加深,有关"生态旅游"的概念视角也逐渐丰富,学科交叉性也更强。2007年,比约克(Björk)提出了"生态旅游"两个类别概念:1)多维度的综合定义。包括自然和文化景点的历史,生态旅游者的欣赏精神,非消耗性活动,有益于当地社区、当地的参与、管理和营销。2)通过附加原则或标准清单来缩短和扩展的定义。例如,国际生态旅游协会(The International Ecotourism Society,TIES)提出的为"负责任的自然地区旅行,保护环境并改善当地人的福祉"。2008年,芬内尔(Fennell)通过回顾85个关于生态旅游的独立定义,对生态旅游的定义主题进行了归类和总结,其中包括:1)对自然的兴趣;2)对保护的贡献;3)对公园和保护区的依赖性;4)对当地人的好处/长期利益;5)教育和学习;6)低影响/非消耗性;7)道德/责任;8)管理;9)可持续;10)享受/欣赏;11)文化、探险和小规模[6]。

综合以上各个角度来看,可以将生态旅游定义成:一种可持续的、非侵入性的、以自然为基础的旅游,主要集中在对自然的第一手了解上,并以低影响、非消耗性和面向当地(控制、效益和规模)的方式进行道德管理。它通常发生在自然区域,并应有助于保护这些区域。

1.2　生态旅游特征

虽然生态旅游没有一个公认的概念定义,但是从概念梳理中可以总结出一些公认的特征。2001年纽瑟姆(Newsome)在其所著专著中提出了关于生态旅游的五个要点:1)以自然为基础;2)生态上的可持续发展;3)环境教育性;4)对当地有利;5)提升游客满意度[2],比较全面地概括了生态旅游的特征。

1.2.1　以自然为基础

所有的生态旅游都是以自然为基础的。首先,在旅游者所达到的生态旅游区域,需具有丰富的自然资源和独特的自然风光,人口较少,受工业化与现代化影响程度较低,并保存着较为原始的生态环境;其次,生态旅游目的地需在历史和现实中具有独特的文化,其生活方式和文化模式应当保留着系统的自然原始状态;最后,基于特殊的生态环境与文化系统,其能够为旅游者在自然感知与文化体验上带来区别于其原始生活环境的异域感受。

1.2.2　生态上的可持续

生态旅游充分遵循可持续发展思想,对生态环境具有十分显著的正面效益。其一,生态旅游以自然生态为基础吸引游客,自然生态的保育是发展生态旅游的重要基础,因此可以帮助自然生态环境的可持续发展;其二,生态旅游可使游客与资源之间产生共鸣,减少负面伤害,促进对珍稀动植物资源的保护,从而建立起和谐的共生关系。因此,推动和开展生态旅游可以促进整个生态系统的可持续发展。

1.2.3　环境教育性

生态旅游被视为保护生态环境和可持续发展的有效方法[7]。环境教育是以人类与环境的关系为核心而进行的一种教育活动[8],是重要进行的景区管理和增强旅游者体验的手段之一。在生态旅游中,通过旅游解说、教育资料制作等手段可以促进环境教育,同时也可以满足游客求知需求。此外,旅游目的地也会通过改善解说系统和休闲设施,提供真实的生态体验,来充分发挥环境教育功能,推动生态旅游价值的传播。

1.2.4　对当地有利

生态旅游能够给旅游目的地带来多个维度的利益。首先,对于旅游机构来说,发展生态旅游能够帮助其建立可被识别的认证品牌,通过承担社会责任来帮助企业自我完善,运用节能技术降低运营成本;对于政府来说,发展生态旅游有助于保护其作为生态旅游或可持续旅游目的地的市场优势,降低环境保护的监管成本,帮助减少贫困等;对于社区居民来说,发展生态旅游有利于实现环境保护与社区发展之间的平衡,进而促进增收,为当地居民提供经济利益及促进可持续的健康发展等。

1.2.5　提升游客满意度

旅游者参与生态旅游本身就是一种对环境和社会负责的选择。就生态旅游的基本特点来看,其以走进自然、保护环境、生态休闲和文化娱乐共存等为特性,满足了旅游者远离都市喧嚣、享受原生生态的要求[9]。就生态旅游的深层内涵看,其有助于提醒游客注意一个地区的环境和社会问题,使他们能够在旅游过程中以更尊重和更谨慎的方式做出选择或为解决问题作出贡献,帮助其形成对自身负责任的旅游者形象的认知,进而获得基于心理满足的深层次满足。

1.3 可持续发展与生态旅游

1.3.1 可持续发展的概念

1987年联合国世界环境与发展委员会(United Nations World Commission on Environment and Development,WCED)在日本东京出版被称为"布伦特兰报告(Brundtland Report)"的《我们共同的未来》[10]及《东京宣言》,呼吁全球各国将可持续发展纳入发展目标,这被认为是建立可持续发展概念的起点。该报告将可持续发展(Sustainable Development,SD)定义为:"既满足当代人需求,又不损害后代人满足其自身需求的能力"。这无疑是最常被引用和被广泛接受的可持续发展定义。

从布伦特兰报告中可以总结可持续发展的基本原则,分别是:保障长期的生态可持续性,满足人类的基本需求,以及促进代内和代际公平[11]。

(一)保障长期的生态可持续性

"可持续性"一词起源于生态学。其发展是为了表达生态系统在长期内维持自身生存所必须具备的条件。在布伦特兰报告中,有几处提到了生态可持续的必要性,如:"至少,可持续发展不能危及地球上支持生命的自然系统:大气、水、土壤和生物"(WCED,第44页),以及"拯救物种及其生态系统仍有时间,这是可持续发展不可或缺的先决条件。如果我们不这样做,后代将不会原谅"(WCED,第166页)。布伦特兰报告给出了设定生态可持续性最低要求的两个理由。首先,如果要在可持续的基础上满足人类的基本需求,就必须保护地球的自然基础。人类的发展往往会破坏生态系统,从而减少物种的数量。植物和动物物种的消失会极大地限制后代的选择。因此,布伦特兰报告认为"可持续发展需要保护植物和动物物种"(WCED,第46页)。其次,报告认为,"保护自然的理由不应仅仅停留在发展目标上。这是我们对其他生物和后代的道德义务的一部分"(WCED,第57页)。

(二)满足人类的基本需要

满足人类的基本需要是可持续发展的核心。满足人类的基本需求,保证长期的生态可持续性,是可持续发展的必要前提。布伦特兰报告提到就业、粮食、能源、住房、供水、卫生和保健是人类的基本需求。同时,布伦特兰报告并非仅提到基本需要。根据该报告,人们有权渴望基本需要以外的部分:"可持续发展需要满足所有人的基本需要,并使所有人有机会满足他们对更美好生活的渴望"(WCED,第44页)。布伦特兰报告认为,提供超过基本需求的生活水平是可持续的,但这种生活水平必须确保长期的生态可持续性。因此,并不是每一种对更好生活的渴望都与可持续发展的目标相一致。对更好生活的渴望被定义为次要的维度,而满足人类的基本需要被定义为主要的维度。

(三) 促进代内和代际公平

可持续发展中的公平是指机会选择的平等性。布伦特兰报告声称,代与代之间的社会公平"必须从逻辑上延伸到每一代人的公平"(WCED,第43页)。因此,公平作为可持续发展的一个基本原则可以被分为两个维度:时间和空间。从这个角度来看,可持续发展对全球和国家、世代人之间的公平都有影响。

从时间维度上看,公平既指当代人的公平,即同代人之间的横向公平,可持续发展要满足所有人的基本需求,让所有人都有机会满足他们对美好生活的愿望;公平也指代际间接调节的公平,即世代人之间的纵向公平,当代人不能因为自己的发展需要而损害人类世世代代满足其需求的条件,要给世世代代以公平利用资源的权利。

从空间维度上看,公平是指有限资源在国家间的公平分配。《里约宣言》提出,各国拥有着按其本国的环境与发展政策开发本国自然资源的主权,并肩负着确保在其管辖范围内或在其控制下的活动不致损害其他国家或在各国管辖以外地区的环境责任。

1.3.2 可持续发展的历史

(一) 可持续发展:保护与发展政策的融合

可持续发展概念的出现标志着经济发展和环境保护主义的融合。这种融合在1972年于斯德哥尔摩举办的人类与环境会议上正式被阐明,这是联合国就全球环境问题举行的一系列会议中的第一次。斯德哥尔摩人类与环境会议提出了生态发展的概念,即文化、社会和生态目标与发展相结合[12]。这一概念的理念是"小即是美",这是生态发展方法的典型[13],随后被纳入包括旅游业在内的许多行业的战略计划。虽然可持续发展一词的演变通常被认为是由于1960年代和1970年代环境意识的提高而引起的[14-15],在此之前,可持续发展的概念有三种形式:第一,保护的形式;第二,以社区愿景的形式;第三是经济理论形式[11]。

(二) 可持续发展:年表

- 1972年——《增长的极限——给罗马俱乐部的报告》
- 1987年——我们共同的未来(布伦特兰委员会)
- 1992年——联合国环境与发展会议
- 1996年——贝拉焦可持续发展会议发展和实施
- 2002年——千年发展目标:可持续发展问题世界首脑会议

1.3.3 可持续发展的目标

(一) 联合国千年发展目标(United Nations Millennium Development Goals, MDGs)

在2000年9月联合国第55届首脑会议上,189个国家代表和领导人就全球消除贫困、饥饿、疾病、文盲、环境恶化及妇女地位等问题达成了共识,通过了《联合国千年宣言》。为促使其转化为切实的行动,联合国成立了一个专门的工作小组并于2001年公布了《执行〈联合国千年宣言〉的路线图》,形成了一套有完成时限的千年发展目标,其中包括8个目标(goals)、18个具体目标(targets)和48个技术指标[16]。涵盖了消灭极端贫穷和饥饿、普及小学教育、促进男女平等并赋予妇女权利、降低儿童死亡率、改善产妇保健、与艾滋病毒/艾滋病及疟疾和其他疾病作斗争、确保环境的可持续能力及全球合作促进发展等方面,作为2000年后全球发展的核心和基本框架。

MDGs是自联合国成立以来在全球最具影响力和凝聚力的全球议程。有学者指出,其实施的15年,是人类历史上减轻贫困与饥饿、普及初等教育、促进性别平等、改善饮用水源、控制传染性疾病蔓延及遏制环境恶化等成就最大的15年[17]。MDGs凝聚了国际社会在发展领域的诸多共识,是全球发展总目标与国际合作的重要落脚点,另外它首次设置了具体目标(targets)形式,数量有限,指标和实施期限明确,具有很大的可操作性和针对性,有利于行动的落实和考核。虽然MDGs极大地推动了全球的发展,但仍在许多方面存在差距和区域的不均衡,一些新的挑战也随着发展环境的变化而慢慢显现。

(二)联合国可持续发展目标(United Nations Sustainable Development Goals,SDGs)

针对千年发展目标的缺陷以及世界发展形势,2013年9月联合国大会召开了专门会议,呼吁国际社会面向未来,以普适性为基本原则制定"一个发展框架,一套发展目标"的可持续发展目标。开放工作组经历一年多的与政府间磋商后于2014年7月形成了关于全球可持续发展目标的建议。2015年1月,联合国大会就2015年后发展议程召开特别会议并通过了决议,8月2日各国谈判代表就2015年后发展议程的内容达成一致,最终名称确定为《改变我们的世界:2030年可持续发展议程》[18],2015年9月27日联合国峰会正式批准通过。相较于MDGs,SDGs包括17个可持续发展目标(goals)和169个具体目标(targets)、300多个技术指标,是联合国历史上通过的规模最为宏大和最具雄心的发展议程。世界各国领导人承诺为如此广泛和普遍的政策议程共同采取行动并做出努力[17]。

表1-2 可持续发展目标(SDGs)与千年发展目标(MDGs)解释对照表

SDGs发展目标	SDGs具体目标	对应MDGs目标
1. 无贫穷	1.1 在全球所有人口中消除极端贫困 1.2 按各国标准界定的陷入各种形式贫困的各年龄段男女和儿童至少减半 1.3 全民社会保障制度和措施在较大程度上覆盖穷人和弱势群体 1.4 确保所有男女,特别是穷人和弱势群体,享有平等获取经济资源的权利,享有基本服务 1.5 增强穷人和弱势群体的抵御灾害能力,降低其遭受极端天气事件和其他灾害的概率和易受影响程度	新增
2. 零饥饿	2.1 消除饥饿,确保所有人全年都有安全、营养和充足的食物 2.2 消除一切形式的营养不良,解决各类人群的营养需求 2.3 实现农业生产力翻倍和小规模粮食生产者收入翻番 2.4 确保建立可持续粮食生产体系并执行具有抗灾能力的农作方法,加强适应气候变化和其他灾害的能力 2.5 通过在国家、区域和国际层面建立管理得当、多样化的种子和植物库,保持物种的基因多样性,公正、公平地分享利用基因资源	新增

(续表)

SDGs发展目标	SDGs具体目标	对应MDGs目标
3. 良好健康与福祉	3.1 全球孕产妇每10万例活产的死亡率降至70人以下 3.2 消除新生儿和5岁以下儿童可预防的死亡 3.3 消除艾滋病、结核病、疟疾和被忽视的热带疾病等流行病，抗击肝炎、水传播疾病和其他传染病 3.4 通过预防等将非传染性疾病导致的过早死亡减少1/3 3.5 加强对滥用药物包括滥用麻醉药品和有害使用酒精的预防和治疗 3.6 全球公路交通事故造成的死伤人数减半 3.7 确保普及性健康和生殖健康保健服务 3.8 实现全民健康保障，人人享有基本保健服务、基本药品和疫苗 3.9 大幅减少危险化学品以及空气、水和土壤污染导致的死亡和患病人数	MDG1
4. 优质教育	4.1 确保所有男女童完成免费、公平和优质的中小学教育 4.2 确保所有男女童获得优质幼儿发展、看护和学前教育 4.3 确保所有男女平等获得负担得起的优质技术、职业和高等教育 4.4 大幅增加掌握就业、体面工作和创业所需相关技能 4.5 消除教育中的性别差距，确保残疾人、土著居民和处境脆弱儿童等 4.6 确保所有青年和大部分成年男女具有识字和计算能力 4.7 确保所有学习者/有学习能力者都掌握可持续发展所需的知识和技能	MDG2
5. 性别平等	5.1 在世界各地消除对妇女和女孩的一切形式歧视 5.2 消除公共和私营部门针对妇女和女童一切形式的暴力行为 5.3 消除童婚、早婚、逼婚及割礼等一切伤害行为 5.4 认可和尊重无偿护理和家务 5.5 确保妇女全面有效参与各级政治、经济和公共生活的决策，并享有进入以上各级决策领导层的平等机会	MDG3
6. 清洁饮水和卫生设施	6.1 人人普遍和公平获得安全和负担得起的饮用水 6.2 人人享有适当和公平的环境卫生和个人卫生 6.3 改善水质 6.4 所有行业大幅提高用水效率，确保可持续取用和供应淡水 6.5 在各级进行水资源综合管理，包括酌情开展跨境合作 6.6 保护和恢复与水有关的生态系统，包括山地、森林、湿地、河流、地下含水层和湖泊	MDG7
7. 经济适用的清洁能源	7.1 确保人人都能获得负担得起的、可靠的现代能源服务 7.2 大幅增加可再生能源在全球能源结构中的比例 7.3 全球能效改善率提高1倍	新增

(续表)

SDGs发展目标	SDGs具体目标	对应MDGs目标
8. 体面工作和经济增长	8.1 维持人均经济增长率 8.2 实现更高水平的经济生产力 8.3 推行以发展为导向的政策支持生产性活动和创新 8.4 逐步改善全球消费和生产的资源使用效率 8.5 所有人实现充分和生产性就业 8.6 大幅减少未就业和未受教育或培训的青年人比例 8.7 根除强制劳动、现代奴隶制和贩卖人口,禁止和消除童工 8.8 保护劳工权利,创造安全和有保障的工作环境 8.9 制定和执行推广可持续旅游的政策,以创造就业机会 8.10 加强国内金融机构的能力,扩大全民获得金融服务的机会	新增
9. 产业、创新和基础设施	9.1 发展优质、可靠、可持续和有抵御灾害能力的基础设施 9.2 大幅提高工业在就业和国内生产总值中的比例 9.3 增加小型工业和其他企业获得金融服务的机会 9.4 升级基础设施,改进工业以提升其可持续性 9.5 提升工业部门的技术能力	MDG8
10. 减少不平等	10.1 逐步实现和维持最底层40%人口的收入增长 10.2 增强所有人的权能,促进他们融入社会、经济和政治生活 10.3 确保机会均等,减少结果不平等现象 10.4 采取财政、薪资和社会保障政策逐步实现更大的平等 10.5 改善对全球金融市场和金融机构的监管和监测 10.6 确保发展中国家在国际经济和金融机构决策过程中有更大的代表性和发言权 10.7 促进有序、安全、正常和负责的移民和人口流动	新增
11. 可持续城市和社区	11.1 确保人人获得适当、安全和负担得起的住房和基本服务 11.2 向所有人提供安全、负担得起的交通运输系统,改善道路安全 11.3 加强包容和可持续的城市建设及管理能力 11.4 努力保护和捍卫世界文化和自然遗产 11.5 大幅减少各种灾害造成的死亡人数和受灾人数及损失 11.6 减少城市的人均负面环境影响 11.7 向所有人普遍提供安全、包容、无障碍、绿色的公共空间	新增
12. 负责任消费和生产	12.1 落实《可持续消费和生产模式十年方案框架》 12.2 实现自然资源的可持续管理和高效利用 12.3 减少生产和供应环节的粮食损失,包括收获后的损失 12.4 实现化学品和所有废物在整个存在周期的无害环境管理 12.5 通过预防、减排、回收和再利用,大幅减少废物的产生 12.6 鼓励各个公司将可持续性信息纳入各自报告周期 12.7 推行可持续的公共采购做法 12.8 确保获取可持续发展及与自然和谐的生活方式的信息,并具有上述意识	新增

(续表)

SDGs发展目标	SDGs具体目标	对应MDGs目标
13. 气候行动	13.1 加强各国抵御和适应气候相关的灾害和自然灾害的能力 13.2 将应对气候变化的举措纳入国家政策、战略和规划 13.3 加强气候变化减缓、适应、减少影响和早期预警等方面的教育和宣传	新增
14. 水下生物	14.1 预防和大幅减少各类海洋污染 14.2 可持续管理和保护海洋与沿海生态系统以免产生重大负面影响 14.3 通过合作等方式减少和应对海洋酸化的影响 14.4 有效规范捕捞活动,终止过度捕捞、非法捕捞 14.5 根据国内和国际法保护至少10%的沿海和海洋区域 14.6 禁止某些助长过剩产能和过度捕捞的渔业补贴 14.7 增加小岛屿发展中国家和最不发达国家通过可持续利用海洋资源获得的经济收益	新增
15. 陆地生物	15.1 保护、恢复和可持续利用陆地和内陆的淡水生态系统及其服务 15.2 推动对所有类型森林进行可持续管理 15.3 防治荒漠化,恢复退化的土地和土壤,包括受荒漠化、干旱和洪涝影响的土地 15.4 保护山地生态系统及其生物多样性,加强山地生态系统的能力 15.5 减少自然栖息地的退化,遏制生物多样性的丧失 15.6 公正和公平地分享利用遗传资源产生的利益,促进适当获取这类资源 15.7 终止偷猎和贩卖受保护的动植物物种 15.8 防止引入外来入侵物种并大幅减少其对土地和水域生态系统的影响 15.9 把生态系统和生物多样性价值观纳入国家和地方规划、发展进程、减贫战略和核算	MDG7
16. 和平、正义与强大机构	16.1 在全球大幅减少一切形式的暴力和相关的死亡率 16.2 制止对儿童进行虐待、剥削、贩卖以及一切形式的暴力和酷刑 16.3 促进法治,确保所有人都有平等诉诸司法的机会 16.4 大幅减少非法资金和武器流动,打击一切形式的有组织犯罪 16.5 大幅减少一切形式的腐败和贿赂行为 16.6 在各级建立有效、负责和透明的机构 16.7 确保各级的决策反应迅速,具有包容性、参与性和代表性 16.8 扩大和加强发展中国家对全球治理机构的参与 16.9 为所有人提供法律身份,包括出生登记 16.10 依法确保公众获得各种信息,保障基本自由	新增
17. 促进目标实现的伙伴关系	具体包括了筹资、技术、能力建设、贸易、政策和体制的一致性、多利益攸关方伙伴关系、数据、监测和问责制等方面19个具体目标	MDG8

资料来源:笔者整理

1.3.4 生态旅游促进可持续发展目标的实现

(一) 生态旅游促进地区脱贫

促进地方脱贫,既是2030年可持续发展目标的第一项"在世界各地消除一切形式的贫穷"的要求,也是解决全球发展进程中亟待处理问题的策略。发展生态旅游作为农村精准扶贫脱贫的有效途径,在中国以及世界减贫事业进程中已经取得良好成效。"旅游业包括从事运输、住宿、食品、饮料、景点和活动的企业,以及向分散和日益复杂的市场提供旅游服务的营销和分销网络"[19]。通过发展生态旅游业,当地绿色产品、观光活动、文化和生活方式等产品都得到了发展,这有助于增加当地百姓的收入[20]。除了其提供的关键服务外,旅游经济还涉及食品和饮料、酒店用品、当地交通、导游、手工艺品和纪念品。许多旅游产品可以从当地获得,使得当地社区成为生态旅游生产和零售过程的重要地区[21]。这些与生态旅游有关的服务可以使当地人参与到旅游业中,从而增加当地百姓的就业与收入。因此,生态旅游也促进了地方经济多样化发展,特别是在其他经济选择有限的贫困和发展中地区[19],人们意识到发展旅游业能够促进精准脱贫、提升当地居民的生计能力,同时也能助力于经济的可持续发展。

(二) 生态旅游促进环境保护与旅游可持续发展

强调对生态环境与资源的保护,是生态旅游与大众旅游相比而言最大的特点。传统大众旅游虽然也提出要保护资源与环境,但由于盲目追求经济效益,无视资源本身的价值与成本,认为旅游业是"投资小、见效快"的产业,以粗放的形式进行开发,以追求近期效益为管理的出发点,造成了旅游超载、噪音污染等多种环境问题。生态旅游所强调的保护性体现在旅游业的方方面面:对于旅游开发规划者来说,保护性体现在旅游产品开发与设计要遵循自然生态规律和人与自然的和谐统一;对于旅游开发商来说,保护性体现在充分认识旅游资源的生态价值,在科学的开发规划基础上谋求持续的投资效益;对于管理者而言,保护性体现于旅游利用保持在资源环境容量范围内,杜绝短期过度消费的经济行为,从而谋求生态、经济、社会的可持续发展。

(三) 生态旅游促进女性赋能、性别平等

实现性别平等、保障所有女性的权利是联合国可持续发展目标的第五项要求。《消除对妇女一切形式歧视公约》第13条规定:"缔约国应采取一切适当措施,消除在经济和社会生活的其他方面对妇女的歧视,以确保在男女平等的基础上,享有同样的权利,特别是参加娱乐活动、运动和文化生活所有方面的权利。"[22] 这些规定的出台,虽然已经点明了妇女对实现可持续发展目标的重要性,但在许多国家中妇女的地位与发展前景仍未得到应有的尊重。

发展生态旅游可以增强女性的权能,挖掘女性潜力,改善其生活并为当地社区作出贡献。同时,生态旅游在地区发展中所带来的机遇也能够促进女性在工作参与、经济贡献以及实现自我价值方面的发展,进而推动地区内女性群体的发展以及两性平等,减少并逐渐消除性别偏见,从而真正实现性别平等和妇女赋能。

(四) 生态旅游促进全球伙伴关系的实现

生态旅游活动自身具有较强的自然属性和社会属性等,在促进联合国可持续发展目标关于全球伙伴关系的构建中有着事半功倍的推动作用。生态旅游与生态文明建设、促进地方脱贫、推进可持续发展息息相关。发展生态旅游有利于中国在可持续发展领域开展对外合作,有利于中国深度参与全球治理并推进中国经验。中国目前正处于发展战略转型阶段,随着经济进入新常态,急需向产业升级、企业创新、内生经济方向发展[23]。以生态旅游为依托,加大与周边国家、发达国家在资金投入、能源、环保、碳减排与碳捕获等领域的技术合作和经验分享,一些区域性和国际化的问题如雾霾治理、气候变化、人权与社会公平等实现多国合作、发展援助,可使我国和世界其他各国一道实现可持续发展、建立互利共赢的伙伴关系[17]。

1.4 绿色经济与生态旅游

1.4.1 绿色经济的概念

(一) 国际绿色经济的概念

绿色经济概念离不开可持续发展理念的产生和深化,是可持续发展理念演变的结果。在一些观点看来,绿色经济可以解释为国际社会自1972年人类环境会议以来逐步形成的一种"环境或可持续发展共识"[24]。而从概念界定上来看,在1989年,就有皮尔斯(Pearce)等提出"绿色经济是一种可承受的经济,即自然环境和人类自身能够承受的、不因人类盲目追求经济增长而导致生态危机与社会分裂,不因自然资源耗竭而致使经济不可持续发展的经济发展模式"[25]。之后,学者们从不同角度还提出了不同的定义,如里尔登(Reardon)认为"绿色经济就是在资源、生态限制内,使人类幸福得到最大化[26]";而联合国环境规划署则提出"绿色经济是一种改善人类福祉和社会公平同时显著降低环境风险和生态稀缺性的经济。通过加大绿色投资等手段催生新的产业革命"[27]。

(二)国内绿色经济的概念

在进入21世纪的今天,中国发展中的巨大机遇和挑战使得实施绿色战略成为中国经济可持续发展的必然选择[28]。但与国际上对"绿色经济"的概念界定不同的是,中国学者和研究机构根据中国国情,提出了"绿色发展"的概念。

"绿色发展"这一概念目前并无一个官方明确定义,诸多学者从不同的视角提出了不同的理解。侯伟丽认为,绿色发展要以自然资本的可持续性为前提,尽可能以人造资本替代环境资本和自然资本[29];牛文元等提出,绿色发展是指国家代谢运行和行为方式要尊重自然规律、保护生态环境[30];蒋南平和向仁康认为,绿色发展是资源能源合理利用、经济社会适度发展的发展方式[31]。柯水发提出五位一体的绿色发展概念,认为绿色发展是经济、社会、政治、文化、生态五位一体的新型发展道路[32];秦书生等认为绿色发展实质上是一种经济发展方式,绿色经济是绿色发展的核心内容[33]。

综合来看,绿色经济的本质是以生态和经济的协调发展为核心的可持续发展经济。它是一种有利于人类健康的经济发展模式和平衡性经济活动,其特点是维护人类生存环境,合理保护资源、能源和生态环境。

1.4.2 "两山"理论

(一)"两山"理论的提出与中国绿色经济发展

2005年8月15日,时任浙江省委书记习近平到浙江安吉余村考察时,首次提出"绿水青山就是金山银山"的科学论断;一周后,习近平在《浙江日报》"之江新语"专栏发表评论指出,如果能够把生态环境优势转化为生态农业、生态工业、生态旅游等生态经济的优势,那么绿水青山也就变成了金山银山[34];2006年3月,习近平在中国人民大学的演讲中,对"绿水青山"与"金山银山"的关系作了系统性阐释,提出了"三个阶段"的关系论[35]。2015年3月,"坚持绿水青山就是金山银山"的理念上升为治国理政的基本方略和重要国策。2017年10月,党的十九大报告指出,必须树立和践行绿水青山就是金山银山的理念。2018年5月,习近平总书记在全国生态环境保护大会上强调,要加快建立健全以产业生态化和生态产业化为主体的生态经济体系[36]。"两山论"不断深化,为中国生态文明建设奠定了坚实的理论基石,成为中国生态文明建设的指导思想,引领中国走向绿色发展之路[34]。

(二)"两山"理论的内涵

"两山"理论不仅阐明了经济与生态的辩证统一关系,而且体现了可持续、可循环的科学发展观,进一步说明了经济发展与生态保护二者既有侧重又不可分割,构成一个有机的整体。

"绿水青山就是金山银山",这是经济发展与生态环境保护之间矛盾的最高阶段,即矛盾双方由对立走向统一的"合体"。将绿水青山等同于金山银山是一个具有战略意义的判断,指出了经济发展与生态环境保护之间的内在一致性,从根本上把握了人与自然动态性统一的辩证关系。"绿水青山"在一定程度上反映的是人类在发展过程中对生态环境的追求。"金山银山"不单单指经济成果,广义的概念体现为经济和社会发展两个范畴,即经济收益和民生幸福。"两山"理论的科学内涵之一就是将自然资源合理有效地转换为物质财富,并且要将"绿水青山"这种精神层面的需求得到更大的满足[37]。在此意义上,绿水青山是基础,金山银山是保障,最终的落脚点就是人民获得感、幸福感、安全感的提升。

从本质上讲,"两山"理论转化的实质内涵体现在以下两个方面,一是守住自然生态安全边界;二是推动经济社会全面绿色转型。具体来说,就是把生态规律、生态资本、生态空间、生态效益和生态产品放在经济发展、社会活动、资源开发、城市建设等前面,这是"两山"理论转化的内在逻辑[36]。

1.4.3 生态旅游"绿色"发展

要将绿色经济的基本要求融入生态旅游发展的全过程。在开发时需遵循生态学规律,将资源利用程度限制在环境承载范围内。根据资源环境特点、生态承载容量、市场需求导向、理论政策调控,规划和发展体现生态价值和代际补偿的生态旅游体系,是实现"两山"转化的中坚路径。

"两山"理论对乡村旅游产业框架下的"金山银山"也进行了针对性的调控。生态旅游的绿色发展,需要以节约、环保为导向,以自然保育能力与生态承载力为刚性约束;充分调动生产者责任延伸和消费者观念导向,以经济利益反哺环境,在提供产品和服务的同时预留生态修复和再利用的空间;优化内部产业、自然生态和社会民生的系统耦合,建立循环生态产业链,培育新兴产业、改造传统产业、淘汰落后产能,进而实现生态系统生产总值和地区生产总值双增长[38]。推动生态旅游转型升级、促进与生态农业的融合发展,构建以生态旅游为基础,休闲度假为重点,以文化、体育、农业、娱乐为核心特色的生态旅游产业体系,实现打造"金山银山"专属的生态旅游产业目标[38]。

第二章
生态旅游发展历程

2.1 生态旅游的兴起与发展

伴随着可持续发展理念在国内外获得了实践层面的推广与认可,区别于大众旅游的、以珍爱生态环境为重要导向的生态旅游日益受到大众的关注。一方面,随着经济社会的发展,大众对于旅游的形式和内容都提出了更高的要求,不再满足于走马观花、纯自我满足式的旅游形式,对贴近自然、享受自然、保护自然、学习与自然环境相关文化知识的需求与日俱增[39]。另一方面,不够科学的农业、工业活动对生态环境产生重大影响,以及传统大众旅游的发展给旅游区带来了不可逆的灾害,旅游业的发展进入到"瓶颈期"。由此产生的现实问题是如何科学处理生态保护与旅游发展的关系。在这种复杂的矛盾之下,生态旅游应运而生。

"绿水青山就是金山银山",是生态旅游发展的根本思想。我们在思考生态旅游何以让山常绿、水常清之前,应当先对生态旅游的兴起背景与发展阶段进行梳理,在历史的明镜中为生态旅游寻找可持续发展之道。

2.1.1 兴起背景

生态旅游的兴起源于复杂的社会背景,不仅包括旅游行业内在的动力,也包括旅游市场供求的变化以及人类在社会历史发展长河中的生态意识觉醒[40]。

(一) 行业内生动力：旅游业寻找可持续发展之路

旅游资源是旅游产业生存、发展、兴旺的基础，其数量与质量直接决定了旅游业发展的品质与可持续性[41]。然而，传统大众旅游的发展思路沿袭了工业发展的思路与管理模式，致使人与自然间的冲突加剧[42]。特别是在旅游开发过程中，旅游资源的过度开发、旅游目的地的粗放式管理、旅游设施的不合理建设等行为直接破坏了旅游地的生态环境质量，降低了旅游资源的吸引力，进而使得旅游产品生命周期大大缩短，众多"昙花一现"型旅游地导致了旅游业成了产品"宁滥勿缺"的重灾区。随着上述问题的日益凸显，社会各界意识到必须对粗放式的、忽视生态环境保护的旅游发展模式进行深刻的内部改革。若不加以改变，继续沿用以资源和环境换取"最大化"经济效益的发展思路，必将导致旅游资源的全面退化甚至枯竭，最终使旅游业发展受限甚至衰颓。因此，发展具有长久生命力的、对人类与环境都负责的旅游类型成为行业可持续发展与增进人类福祉的需要。而生态旅游以生态保护为重要目标，是促进旅游资源和旅游业多重可持续发展的最佳方案，也是实现利益在代际间公平分配的必然选择。

从社区可持续发展的角度来看，生态旅游也具有不可小觑的价值[43]。在大部分"老少边穷"地区，人类活动较少，生态环境的破坏与污染现象较少，生态环境保护良好。为了保护生物多样性与当地的特色文化，政府往往会将这些地区划为保护区域。但是如果一味地保护而忽略了对于当地居民生产生活的关注，会引发严重的人地矛盾，导致当地居民的生活质量下降和当地经济发展难见起色。缓和矛盾的有效之策是发展生态旅游。在落后地区和偏远地区开发生态旅游，不仅可以充分利用当地的生态优势缓解人地矛盾，协同经济与生态发展，健全旅游产品体系，还能推进地区旅游业可持续发展目标的实现。因此，生态旅游是当前旅游业在面临现实挑战下完成行业可持续发展要求的最优选择。换言之，旅游业可持续发展的趋势为生态旅游的出现提供了内生动力。

(二) 市场供需变化：生态旅游成为供需矛盾缓解之策

旅游业是市场敏感型产业[44]。旅游市场的供给与需求的变化是生态旅游兴起的另一个重要背景。

在供给侧，自然保护与经济开发一体化是在全球范围内，特别是发展中国家范围内非常明显的一大变化趋势,自然保护地体系的经济价值日益受到重视。在需求侧,随着生活品质的提升和文化传播方式的更迭,旅游者对于旅游活动的认知与定位发生改变,在旅游过程中的行为方式和价值选择也出现了"生态化"趋向[45],追求积极的、有益于生态环境的绿色旅游活动,享受亲环境行为带来的幸福感[46]。这类人喜欢在旅游的过程中继续接受知识与文化的熏陶,在大自然的怀抱中放松身心、开阔视野、陶冶情操、升华自我,这种需求侧的变化也被国际学术界形象地形容为"市场的变绿"[47]。

除此之外,21世纪以来,体验经济成为时代发展的潮流[48],有体验深度的生态旅游成为旅游市场的热点需求,这是当前旅游业最具前景和开发价值的形式之一,也被视为生态旅游在市场需求方面的新动向[49]。在体验式生态旅游中,旅游者不再是走马观花的自然风景观赏者,更多的是在贴近自然的同时感受自然、融入自然。旅游者在旅游过程中体验到以珍爱生态环境为重要导向的生活方式,获得健康、真实、休闲的体验。

(三)生态意识觉醒:人类生态意识之变

在工业文明取得辉煌成就的20世纪,人类与自然的关系出现了异常严重的矛盾,出现了许多因为环境恶化造成的人类大规模死亡的事件,比如马斯河谷烟雾事件、多诺拉烟雾事件、伦敦烟雾事件和米糠油事件等,此外,资源枯竭、物种灭绝、气候异常等问题也使人与自然的矛盾达到"峰值"。基于此类事件的发生,生态环境保护成为社会共识,在有识之士的倡导下,人类逐渐将视线从单一的经济角度向生态角度分散。比如,著作《寂静的春天》通过阐述一个寂静春天的景象以及原因,向全人类发出警告:需要在人与生物之间建立和谐的关系。该书的出版不仅标志着人类对生态环境保护问题的关注度大大提升,更是引发了一代又一代人对于生态保护的思考与重视。

为了摆脱人与自然对立的困境,可持续发展思想应运而生,它强调代际公平,该思想受到了广泛的认同与推广[49]。旅游业也顺应了时代发展潮流,革新发展模式,保护生态环境,致力于为更多的游客开发绿色的、与自然和谐共处的旅游体验。

2.1.2 发展历程

"生态旅游"的概念在1983年被正式提出。参考田里[39]、陈玲玲[40]等学者对生态旅游历史发展阶段的梳理成果,我们可以将生态旅游分为四个阶段:原始生态旅游阶段、现代生态旅游起步阶段、现代生态旅游发展阶段、现代生态旅游蓬勃阶段。

(一)原始生态旅游阶段:人类文明之初至 18 世纪末

人类旅游活动早在原始社会时期就已经初见端倪,经过人类智力的进化与社会的进步,旅游活动在悄无声息之中成了生活的一部分。周游列国的孔子、"达人之所未达,探人之所未知"的徐霞客、游历东方的马可·波罗……人类旅游的历史足迹并不鲜见。

工业革命以前,社会生产力低下,但是人类为了更好地生存,不得不依赖自然环境。在该阶段,人类处于崇敬自然、顺应自然的社会心理状态之中,在长期的生产实践中形成了朴素的生态道德观,比如《淮南子·主术训》中劝诫百姓合理捕猎,不能排水而渔,更不能烧林捕猎。此外,在儒家思想里对于人们的教化更是深刻,比如"天人合一"思想,它不仅反对"人类中心主义",也反对"自然中心主义",倡导人与自然的和谐共生。此外"节用而爱人,使民以时"的节约论、"树木以时伐焉,禽兽以时杀焉""草木荣华滋硕之时,则斧斤不入山林"的生物协调论都表明人类应当遵循自然规律。此外,由于医疗卫生、经济能力等因素的限制,交通运输不便等因素的影响,在该阶段,只有极少数人能拥有旅游的能力和机会,做长距离旅游的人更是微乎其微。因此该阶段内,人类的旅游活动几乎不危及生态环境,因此称其为原始生态旅游阶段。

(二)现代生态旅游起步阶段:18 世纪末到 19 世纪末

18 世纪和 19 世纪的两次工业革命先后使人类社会进入"蒸汽时代"和"电气时代"。经过两次工业革命的洗礼,社会生产力实现跃进。19 世纪中期,托马斯·库克创办了世界上第一家旅行社——托马斯·库克旅行社,标志着近代旅游业的诞生。数量庞大、经营管理粗放、开发水平低下是这一时期旅游业发展的显著特征,人们利用两次工业革命带来的先进技术和设施推动旅游业发展,并没有关注到这种开发方式已然给自己赖以生存的生态环境造成极大的威胁。在旅游业的生态环境保护之路"黯淡无光"时,世界上第一个国家公园——美国的黄石国家公园(Yellowstone National Park)于 1872 年建立了,可谓是生态旅游发展的曙光。

黄石国家公园占地面积近 90 万公顷,地理位置跨美国三州:怀俄明州、蒙大拿州和爱达荷州。它有世界上最大的火山口、面积最大的森林,还有数量规模庞大的温泉、瀑布、野生动物,因此黄石国家公园具有生态保护区和旅游区的双重属性。园内禁止开展水上娱乐项目,一切旅游活动要以保护生态环境为前提,有效地控制了旅游业造成的环境影响。虽然在当时,以黄石国家公园为代表的生态旅游目的地数量较少、吸引力较小,但是这种旅游开发模式却对后来的生态旅游目的地开发,特别是国家公园的建设起到了示范作用。时至今日,美国黄石国家公园依然是全球著名的生态旅游目的地,被许多国家视为生态旅游开发的范本。

18世纪末至19世纪末被视为现代生态旅游的起步阶段。相比于原始生态旅游,现代生态旅游是基于人类活动威胁生态环境的背景下产生的,因此更加强调生态化。

(三) 现代生态旅游发展阶段:19世纪末到20世纪末

在美国建立黄石国家公园之后,国家公园运动在世界范围开展,加拿大、澳大利亚等国也先后建立了各自的国家公园体系,它们先后通过了保障生态旅游发展的法规和条例,并由政府或非政府组织牵头培养专门从事生态旅游产品设计、开发和经营的机构和企业,全方位地保护生态旅游目的地的生态环境,生态旅游发展成效斐然。除发达国家外,次发达国家和发展中国家的生态旅游发展有了可观的成果。比如,非洲国家肯尼亚拥有数量庞大的野生动物,殖民主义者曾在此大肆捕杀,破坏生态,造成了长期生态失衡的局面,为了挽救家园,肯尼亚人强烈要求禁止猎杀野生动物,最终在1977年得到了政府的支持。而在这个过程中,失业人士开始另谋生路,提出"请用照相机来拍摄肯尼亚"的口号,吸引了大量的游客,生态旅游模式在肯尼亚得到了快速发展。中国的生态旅游也是在该时期悄然而生,标志性事件是国务院于1982年批准建立了第一批国家级风景名胜区。

这一阶段,生态旅游在理论层面也取得了实质性的突破——概念与术语使用的规范化。国际自然保护联盟(IUCN)的特别顾问——豪·谢贝洛斯·拉斯喀瑞(Dr. Ceballos-Lascurain)在1983年首次使用了"生态旅游"概念,用以表征被观光对象不应受到损害的旅游活动[49]。伊丽莎白·布(Elizabeth Boo)提出生态旅游"归属于自然旅游,以赏玩和研究自然景观、野生生物及相关文化特征为目标,有利于为保护区的保护工作筹措资金,为当地居民创造就业机会,为大众提供生态环境教育"。中国国内学者卢云亭[50]、郭来喜[51]、张延毅[52]等后来也基于上述概念提出过自己的见解。

19世纪末到20世纪末,生态旅游在理论与实践层面上都实现了大发展,形成了"质"的突破,为21世纪生态旅游的发展与繁荣奠定了基础。

(四) 现代生态旅游蓬勃阶段:进入21世纪之后

经过前三个阶段的探索与积淀,进入21世纪之后,生态旅游迎来了发展的"大风口",生态旅游活动在经济与生态层面都赢得一定好评,获得全面发展,成为备受旅游者青睐的旅游形式。

在国际层面,联合国将2002年确定为"国际生态旅游年",这预示着生态旅游正式进入到一个全新阶段。同年5月,在加拿大魁北克举办了世界生态旅游峰会,此次会议从公共、私营和社会等角度提出推进生态旅游建设的一系列建议。这次会议的召开是生态旅游发展史上的里程碑事件,标志着生态旅游拥有了更美好的前景[53]。近些年来,随着国际法律体系的日趋完善,生态旅游普遍采取了法制化管理方法,各个国家都开始重视制定生态旅游发展战略。

在国内层面,随着中国经济发展水平的提高以及国民素质的提升,可持续发展理念逐渐深入人心,生态旅游如火如荼地发展。其中,深刻影响生态旅游发展的事件有二:第一,中国提出力争2030年前二氧化碳排放达到峰值,2060年前实现碳中和目标。旅游业具有较大的降碳潜力[54],生态旅游是完成旅游业低碳发展、助力我国实现"双碳"目标的重要途径和最优选择[55],因此修正和完善生态旅游发展体系、优化生态旅游品质将成为今后旅游业发展的长效热点。第二,2021年10月,中国正式设立三江源国家公园、大熊猫国家公园、东北虎豹国家公园、海南热带雨林国家公园、武夷山国家公园等第一批国家公园,深入实施"生态保护优先"的国家公园理念。

总之,生态旅游迎来了前所未有的发展机遇,必将给人类、给自然带来福祉。在世界范围内新冠肺炎疫情防控常态化背景下,与自然和谐共生、与身心健康相伴的生态旅游也必然成为旅游者的共同选择。

2.2 自然环境与生态旅游

自然环境是生态旅游开发之本。为了深入探析生态旅游的概念内涵以及内在发展机遇,我们必须要明确何为环境与自然环境?在旅游业发展长河中,人类对待环境与旅游的态度经历了怎样的演变?

2.2.1 环境与自然环境

(一) 环境

汉语"环境"一词可追溯至11世纪的北宋。欧阳修在《新唐书》中,首次使用"环境"一词来指代"周围"的概念。在《元史》余阙传里有"环境筑堡寨"的记述,此处的"环境"亦可解释为"周围"。在西方,和"环境"相当的"environment"一词出现在19世纪,是由苏格兰历史学家托马斯·卡莱尔(Thomas Carlyle)引进创造的。"环境"一词的概念经历了漫长而丰富的演变,最终于20世纪初期定型。

根据霍顿(Holden)等学者的观点,环境是指有机体生存所依赖的各类外部环境、物理环境和生物环境。环境是一个包罗万象的概念,它包含社会、文化、经济和政治环境,也包括我们所熟知的土壤环境、气候环境和食物供给[56]。根据环境在性质上的差异,我们可以将环境分为自然环境、人造环境和文化环境。生态旅游与自然环境联系密切,因此我们将重点关注自然环境的属性。

(二) 自然环境

自然环境是指围绕于人类生存环境周围的大气、水、土壤、生物和各种矿物资源等各种自然因素的总和,它包括提供人类生活的一定的地理条件、生物资源和地下资源[57]。我们可以将自然环境视作一种"供给",由于"需求方"的不同,这种"供给"在不同的条件下会呈现出不同的属性。接下来我们将对自然资源的属性与其对应的"需求方"做梳理(表2-1)。

表2-1 自然资源的属性及对应的"需求方"

属性	需求方
用于生产的资源	生产者
水、空气质量	特色区域的居民
居民的生活设施	当地居民
娱乐设施	居民、旅游者
生态系统、生物多样性	国家、世界

资料来源:笔者整理

2.2.2 人类、环境与旅游的关系

在 2.1.2 一节中我们可以看到,随着生产力的发展、环境质量的变化以及生活水平的提升,人类与环境的关系是不断变化的,对于旅游的态度与需求也并非一成不变。在此,我们对 20 世纪 50 年代以来人类对待环境、旅游的态度进行总结(表 2-2),以此来更好地理清生态旅游的发展肌理/脉络。

表 2-2 人类对待环境与旅游的态度

年代	对待环境的态度	对待旅游的态度
20 世纪 50 年代	环境是创造财富的工具	国际化旅游走入人们的生活
20 世纪 60 年代	环保意识提高:托雷·卡尼翁(Torrey Canyon)号油轮造成石油污染,人们意识到海洋环境遭遇危机;《寂静的春天》发表;环境科学开始作为一门专业学科	世界范围内大众旅游兴起;西地中海地区大众旅游发展;旅游开发过程中生态保护意识缺位
20 世纪 70 年代	人类逐渐意识到污染的存在,比如农药污染、化肥污染和水污染;环境污染问题和全球性的气候变暖等吸引了学术界的目光	东地中海地区大众旅游发展;学术界逐渐意识到旅游业不是"无烟产业";成立专门的委员会或者其他组织来处理旅游与环境问题
20 世纪 80 年代	社会各界对于气候变暖、酸雨、臭氧层空洞、绿色消费主义等问题的关注度提升	旅游业发展范围扩展到东南亚以及太平洋地区;加勒比海地区大众旅游发展;旅游业压力团体的建立
20 世纪 90 年代至今	大众的环保意识不断增强,越来越热衷于购买有机食品	生态保护有识之士不断涌现;环境保护成为旅游业发展的重要议题;生态旅游是旅游业对于环境保护问题的重要回应,越来越受到游客青睐

资料来源:笔者整理

2.3 发达国家与发展中国家的生态旅游比较

生态旅游作为可持续性旅游的重要形式,自产生以来便广受广大旅游者和研究者的关注。从全球范围内来看,20 世纪以来这种依托自然环境开展的

旅游形式便初现端倪。自 20 世纪 80 年代初"生态旅游"的概念首次被提出后，其实践与研究持续深入。

在全球范围内，社会文化、资源禀赋、经济发展程度等差异制约着各国生态旅游开发实践。因此基于文化背景、政策背景、实践差异而进行的理论性探索也存在着差别。本节将从全球范围内对不同发展程度情境下国家间的生态旅游发展差别进行探索。

2.3.1 兴起背景的差异

生态旅游的兴起背景在发达国家与发展中国家有着明显区别。进入 20 世纪后，以牺牲环境为代价的工业化极大程度助推了发达国家的经济发展。而随着经济发展水平到达一定程度后，发达国家开始重视环境问题，并同时反思工业化和大众旅游。发达国家的生态旅游就兴起于这种对于工业化和大众旅游的批判。

对于发展中国家而言，获取经济利益是其发展历程的首要目标。因此，这部分国家并没有因为环境问题而产生对工业化和大众旅游的反思。对于发展中国家而言，生态旅游与普通的大众旅游无异，皆是提升经济水平的重要手段。可见发展中国家将资源优势、生态旅游的市场潜力与生态旅游的环境保护功能对立起来，更有甚者选择牺牲环境以实现经济效益。

2.3.2 发展理念的差异

由于上文提到的这种兴起背景上的差异，进而导致了发达国家与发展中国家在生态旅游的发展理念上也存在着差异。对于发达国家来说，生态旅游是其解决环境问题与消解大众旅游负面影响的重要手段。因此，发达国家的生态旅游发展始终呈主动态势，全程贯穿各主体有意识的环境保护，环保法律（法规）流程和体系完备，积累了广泛的管理经验和领先的环保技术。对于发展中国家来说，其生态旅游的兴起关联着的是经济发展而非生态保护。发展中国家的生态保护意识较为薄弱。通常来说，生态旅游区位于社会条件较差但具有独特资源的未大规模开发区域，发展生态旅游是基于动态变化的市场和政府的强力支持推进的，主要目标是完成区域经济发展目标，顺势被动地完成生态保护目标。同时，由于经济、科技等发展水平的限制，发展中国家在技术手段上也并不先进。但随着全球范围内的可持续发展行动推进,发展中国家的生态旅游发展理念也在悄悄发生着变化,逐渐从经济先行进入到了经济与环境并行的阶段。

2.3.3 开发重点的差异

在对环境保护与生态关怀的意识驱使之下,发达国家的生态旅游多呈现整体性和大规模的特征。具体可以解释为多是对大规模的荒野、特殊地质地貌区域、珍稀资源所依附区域、生态环境良好的山区进行整体性的保护。或者是对依赖于原生环境的动植物等划定国家公园。从形成体系上,这部分国家的生态旅游着重于立法、游客规模、景观营造和体制设计等方面。相比之下,发展中国家的资源特征与发达国家差异较大,因此形成的开发模式也有所区别。具体来说,发展中国家的生态旅游目的地更多是小规模、小体量的形式,比如团块化的森林湿地、海域区域、海底的珊瑚礁等都可以成为发展生态旅游的吸引物。同时,欠发达国家和地区将生态旅游作为当地获取经济效益的途径之一,合理考虑本地社区利益也就变得更具现实意义,强化本地居民的参与度,通过发展生态旅游实现减贫和经济、社会、生态的协调发展。随着生态保护意识的逐步强化,发展中国家在逐渐提升对于生态的保护、物种的保护、生物多样性的保护等意识,不过在实际的过程中,这些保护很多时候也是依赖于市场机制来实现的。

2.3.4 客源市场的差异

对于客源市场的考量,需要站在一个全球化的视角下进行。交通、技术等发展促进了全球范围内的旅游者的流动,也提升了目的地市场的可进入性。若将生态旅游视为一个整体的国际性市场,从总体来看,发展中国家在系统中扮演着目的地的角色,而生态旅游者更多来自发达国家。并且发展中国家目前对发达国家的高层次客源具有较高依赖性。例如在一项肯尼亚生态旅游市场统计中显示,超过一半的国际游客来自欧美市场。

但是,在前几年疫情的背景之下,全球范围的流动几乎处于中止状态,生态旅游市场的变化会因此呈现出新的特征。具体的特征还有待在未来的统计和研究中加以探索。

2.3.5 科学研究的差异

对生态旅游研究的相关文献进行分析可知(图2-1),在空间尺度上,美国是最大的聚合中心,其次是澳、中、英、加、意。此外,南非、巴西、英国、新西兰、西班牙、日本、马来西亚呈现出了相对聚集的特征。因此可以看出,全球范围内的生态旅游研究,多由来自美、澳、中的研究者完成。虽然依然是以发达国家为主,但是发展中国家的研究也呈现出了不断发展的趋势,特别是亚太地区,具有较大的发展潜力。

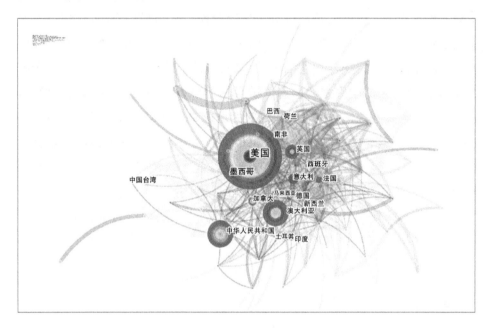

图 2-1　生态旅游研究前 20 地区
资料来源:笔者自绘

从研究主题来看(图2-2),全球范围内的生态旅游研究从研究主题高度集聚不断进入到多样化研究阶段。具体来说,生态旅游最初的研究聚焦在生态旅游观赏;随后逐渐进入到聚焦于生态旅游的可持续发展、国家公园、保护区、旅游行为、生物多样性等多主题并行的阶段;近年来,生态旅游的研究逐渐转向关注旅游者感知与态度、服务、物种观赏、目的地韧性、体系与制度的层面,聚合出了新的研究中心,尽管新中心下的文献数量较少,但不可否认的是,呈现出的新趋势也在一定程度上预示着生态旅游的未来研究方向。

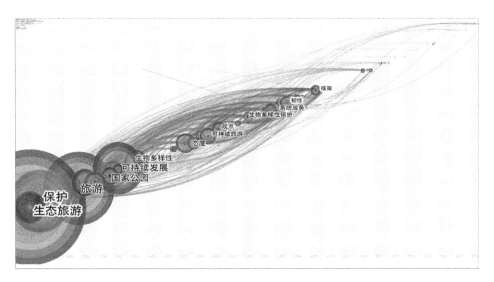

图 2-2　生态旅游英文文献中研究主题演变
资料来源：笔者自绘

案例导读

泰国与印度的生态旅游新举措

案例 1——国家经验：泰国旅游业的绿色倡议

在泰国旅游局制定的"七个绿色概念和方案"的概念框架下，泰国正在发布一项"绿色倡议"。为了给主要旅游景点和住宿的认证提供可靠和客观的评级系统，政府正在创建一个"对环境负责"的旅游经营者和服务提供商的数据库。在七个概念之一的"绿色目的地"中，由泰国污染控制部门牵头，对该国的海滩进行了星级评定。

案例 2——印度：生态旅游指南

印度国家旅游局提出了生态旅游指南，包括以下准则：
- 目的地社区应该被纳入生态旅游的发展中，生态旅游的发展对整个地区的经济发展有促进作用；
- 要识别生态旅游资源利用和地区居民生计之间的冲突与矛盾，并要把这种矛盾努力降到最小化；

- 生态旅游发展的体量应该在当地社区的环境和社会文化特征所能容纳的范围之内；
- 生态旅游应作为整个地区发展战略的一部分进行规划，在土地综合使用计划的指导下，避免部门间的冲突，并确保与公共服务的相应扩展相联系的农村一体化。

2.4 中国的生态旅游发展历程

中国现代旅游业被认为全面振兴于改革开放阶段，以入境游和国内游快速发展为基本特征。同样地，旅游业的发展也伴随着环境污染、景观破坏等问题，如何平衡旅游需求和环境保护的关系是旅游业持续发展正面临的重大挑战。20世纪90年代，在全球兴起生态旅游热潮之后，中国引入了生态旅游的概念，并在不断实践与探索中对其进行拓展。本节将通过梳理中国生态旅游发展历程中的重要事件来概括其发展历程。

2.4.1 中国古老观念中的"天人合一"观念

对中国而言，"生态旅游"的概念是一个舶来品。但是在中国悠久的历史中，早就产生了与"生态旅游"具有相似内涵的哲学理念。

在中国古代，许多先贤哲人便已形成了关于自然和资源保护的哲思。在此后的生态环境保护实践中这些思想财富始终起着引领作用。早在春秋战国时期，我国就出现了朦胧的生态环境保护思想。例如，《国语·鲁语》中"里革断罟匡君"篇强调利用大自然要顺时有度、适可而止。《左传》中记载了楚国关于休耕的规定。我国著名的思想家、道家的代表人物——老子，提出"人法地，地法天，天法道，道法自然"的经典论述，是中国古代先贤关于人与自然关系的代表性阐述，蕴含着先进的科学生态理论，更是千百年来指导着先民认识和处理与自然的关系的准则。

2.4.2 第一届东亚地区国家公园和保护区会议

1993年，在北京召开的"第一届东亚地区国家公园和保护区会议"通过了

《东亚保护区行动计划纲要》。此次会议标志着生态旅游概念以文件形式在中国被确认下来。次年3月林业部成立了森林国际旅行社。北京、大连等15个省、市为开发森林旅游资源,先后成立了森林旅游公司或森林旅行社。这表明森林旅游在发展过程中逐步形成了完整的体系。

2.4.3 第一届生态旅游研讨会

中国第一届生态旅游研讨会于1995年在云南西双版纳召开,会议就我国生态旅游发展问题进行了深入探讨。会后发表了《发展我国生态旅游的倡议》,并建议国家旅游局将生态旅游作为旅游主题年,此举引起了业界的广泛关注,成为具有标志性的事件。1996年,在联合国开发计划署的支持下,武汉国际生态旅游学术研讨会顺利召开,生态旅游研究被推向实践。同年由国家自然基金委员会与国家旅游局联合资助的"九五"重点项目"中国旅游业可持续发展理论基础宏观配置体系研究",展开了对生态旅游典型案例的研究。在《中国21世纪议程优先计划》调整补充方案中,将"承德市生态旅游""井冈山生态旅游与次原始森林保护"等作为实施项目,促进生态旅游的实践进程。

2.4.4 中国"生态旅游元年"

1999年是中国的生态旅游发展至关重要的一年。1999年,继国家旅游局确定当年旅游主题为"生态环境旅游年"后,各地方旅游局顺势推出一些生态旅游产品。同年,国家旅游局、国家环保局、国家林业局、中国科学院四部门联合举办了"1999中国生态环境游"活动,其主题是"走向自然、认识自然、保护环境"。通过此次活动的举办,借助于新闻媒体的推介,"生态旅游"的概念开始被社会广泛关注。

2.4.5 全国主题旅游年——"中国生态旅游年"

2009年全国主题旅游年被确定为"中国生态旅游年"。口号为"走进绿色旅游、感受生态文明"。在此背景下,中国生态旅游快速发展,生态旅游成为一种备受消费者关注和推崇的旅游产品类型,极大地促进了中国旅游业的绿色发展进程。

2.4.6 "绿水青山就是金山银山"

习近平于 2005 年首次提出"绿水青山就是金山银山"的科学论断。至 2015 年,"坚持绿水青山就是金山银山"的理念上升为治国理政的基本方略和重要国策。由此,该理念也成为了生态旅游开发的重要指导思想。"绿水青山"是开展生态旅游的关键要素。这也意味着,生态旅游的开发和设计要以优质的生态环境为基础,在旅游全过程中践行生态文明理念,激活"绿色细胞"。

2.4.7 "人与自然和谐共生"成为中国人民价值观基因

在中国生态旅游的发展历程中,生态旅游已经不仅只是一种产业形态,更为审视旅游和环境、思考人与自然如何共生共存提供了一种哲学立场。人与自然和谐共生不仅是生态旅游发展的指导准则,在广泛的实践之中,也逐渐成为了蕴含在中国人民伦理哲学认识里的价值基因。

第三章

生态旅游系统

3.1 基于生态系统理论的生态旅游系统

3.1.1 生态系统的概念与特征

(一) 生态系统

"生态系统"(Ecosystem)一词是由英国生态学家亚瑟·乔治·坦斯利爵士(Sir Arthur George Tansley)在1935年首次提出的,可以简称为ECO[58]。他在研究中发现气候、土壤和动物都对植物的生长、分布和丰度有重大影响。

"生物和环境形成了一个自然系统。正是这个系统构成了地球表面所有大小和类型的单位,这就是生态系统。"[58]生态系统在一定时期内是动态的稳定的。草地、池塘、森林、地球等都可以被看作是"生态系统"。

(二) 生态系统的特征与要素

(1) 群落

一个生态群落被定义为一群生活在同一个地方的、存在着实际的或潜在的相互作用的物种。一个群落是由物种之间相互影响的网络联系起来的。这一观点的内在含义是,无论什么影响到一个物种,都会影响到许多其他的物种,也正是这种相互作用维持了所谓的自然界的平衡。

一个群落之间存在着4种基本的相互作用关系,分别是:1)相互作用(+/+)(两个物种都从相互作用中受益);2)共生(+/0)(一个物种受益,一个不受影响);3)竞争(-/-)(每个物种都受到负面的影响);4)捕食、寄生

(＋/－)(一个物种受益,一个物种处于不利地位)。

(2) 能量流和食物网

食物网是基于能量流的物种间相互联系的图形描述。能量通常是通过绿色植物的光合作用进入这个生命的生物网。许多食物网也通过有机物的分解获得能量输入。从生态系统来看,食物网就是生态系统中生物间错综复杂的网状食物关系。这种网状食物关系是由于多数动物之间非单一的食物链相互交错形成的。

例如,一个人一年需要300条鳟鱼来支持。而这些鳟鱼又必须消耗90 000只青蛙,这些青蛙必须消耗2 700万只蚱蜢,这些蚱蜢靠1 000吨草为生。[59]

3.1.2 生态系统与旅游活动

(一) 基于生态系统展开的旅游活动

生态系统所提供的自然资源是许多旅游活动所依托的基础。一个旅游地区的自然环境,如空气、地貌、水、动植物等,这些生态要素的有机组合能够为游客带来愉悦的享受。以自然为基础是生态旅游的基本特征之一,其中比较具有代表性的就是依托生态系统中的动物资源展开的动物观赏活动。

以下是世界上典型动物观赏案例:

- 蝴蝶观赏(Butterflies viewing):墨西哥、美国和加拿大的帝王斑蝶
- 萤火虫观赏(Glow worm viewing):澳大利亚斯普林布鲁克国家公园
- 螃蟹观赏(Crab watching):印度洋圣诞岛的红蟹迁移
- 珊瑚和鱼类观赏(Corals and fish viewing):浮潜/水肺潜水,印度尼西亚的布纳肯公园(Bunaken);墨西哥的圣卡安生态保护区(Sian Ka'an);圣卢西亚的苏佛里耶尔(Soufriere)海洋管理区;加勒比海的博奈尔岛(Bonaire);埃及的红海区
- 与鲸鲨浮潜(Snorkel with whale sharks):塞舌尔;澳大利亚宁格鲁礁
- 水下观赏/喂食鲨鱼(Sharks underwater viewing / feeding of sharks):南非戴尔岛
- 喂食并与魟鱼亲密互动(Feeding and close interaction with Stingrays):开曼群岛;马尔代夫;澳大利亚
- 观察大型爬行动物科莫多龙(Observing the large komodolichosaurus):印

度尼西亚的科莫多岛

- 观察蟒蛇（Observing pythons）：印度的巴拉特普尔
- 观察鳄鱼（Observing crocodiles）：牙买加的黑河；澳大利亚的卡卡杜国家公园
- 观察海龟（Observing turtles）：巴西的乌巴图巴水族馆（Projeto TAMAR-IBAMA）；墨西哥的艾库玛尔（Akumal）；佛得角；南非的马普塔兰（Maputaland）；斯里兰卡；印度尼西亚
- 观鸟（Watching birds）：独立或有组织地到保护区观鸟；英国的本普顿悬崖（Bempton Cliffs）；印度的凯奥拉德奥国家公园（Keoladeo）；巴西的潘塔纳尔保护区（Pantanal）
- 观鹤（Observing cranes）：德国的穆里茨湖（Müritz）国家公园；美国的普拉特（Platte）河
- 观察企鹅和企鹅群（Observing penguins and penguin colonies）：南极洲；阿根廷的瓦尔德斯半岛（Península Valdés）；澳大利亚的菲利普岛
- 车辆游猎（Vehicle safaris）：观察大型非洲哺乳动物（坦桑尼亚的塞伦盖蒂国家公园；肯尼亚的马赛马拉国家公园）
- 观虎（Tiger viewing）：从藏身处或大象背上观看老虎（尼泊尔的奇特旺国家公园）
- 观察大猩猩（Gorillas viewing）：通过露营等观察大猩猩习性

（二）旅游活动对生态系统的影响

随着旅游活动介入范围的不断扩大以及依托生态系统展开的旅游活动种类不断增多，旅游活动对生态系统所造成的负面影响也越来越凸显。旅游活动对生态系统的影响可以简要概括为以下五个方面：

（1）旅游对植被的影响

植被是旅游地的主要景观要素，在旅游开发与旅游活动中发挥着重要作用，成为旅游者选择旅游目的地的重要条件之一，因此也最容易受到旅游者的游憩活动的影响。环境质量与景观资源的管理也最能体现在旅游地植被所受到的影响和变化上。森林旅游对植被的负面影响大致可分为两类：系统性破坏和局部性破坏。系统性破坏是指由于旅游地超负荷运转，大量废气、废水和固体废弃物的排放超过了自然系统的自净能力，改变了植物的生境，从而导致植被衰亡;局部破坏是指由于建筑施工、践踏和机械破坏等直接原因造成的植被破坏[60]。

(2) 旅游对土壤的影响

在旅游活动中,旅游者丢弃的难分解有机质如塑料袋、易拉罐、塑料瓶等,如果暴露在土壤上,经过长时间的分解,易使土壤结构发生变化,从而使土壤微生物活动减少。而旅游者喝过的饮料汁液如果不小心溅洒到土壤里,会使局部土壤酸碱度发生变化[61]。同时,超负载的旅游者涌入一个区域会对土壤造成过度的践踏,造成土壤板结,降低土壤的通气性、渗透性[62],进而间接影响到植物根系的生长。

(3) 旅游对动物的影响

超载的游客量和不正确的游客行为会对动物造成多方面的影响:一是捕猎这类消费型旅游形式,是造成野生动物减少的直接原因;例如不恰当的垂钓干扰了鱼类的品种、数量,也间接地影响了食鱼禽类的种类和数量。二是旅游者的进入和旅游活动的开展,会干扰动物正常的进食、休息和繁衍,是造成动物减少的间接原因。三是旅游经营者不合理地引进新物种,会干扰当地固有的生态系统,影响本地物种的生态地位,造成生态系统紊乱;同时旅游开发商建设动物园、海洋馆等异地圈养形式的动物环境,使得动物离开原生系统,可能会造成情绪、生活环境、福利、保育等方面的伤害。四是旅游者不正确的旅游行为会影响一些动物的习性或使动物不能进行自然表达,进而影响了动物的行为。

(4) 旅游对大气和降水的影响

旅游活动带来的污染物会增加空气中的细菌、灰尘、废气的含量。例如:有学者对峨眉山风景区5个测点大气中的SO_2、NO_x浓度进行了调查,从各测点的污染情况看:燃煤较多和汽车活动频繁的地区明显高于其他地区[63]。有学者发现,人类不同形式的活动,不但影响了森林CO_2日进程变化,而且使CO_2在森林中的垂直分布发生了变化,与控制组相比,人类活动使森林大气中(林内 5~15 m 高)CO_2浓度上升了 4~11 $\mu L \cdot L^{-1}$[64]。

(5) 旅游对水文资源的影响

划船、野泳等作为最常见的水文相关游憩活动,会对水体带来许多不利影响。比如机动船的润滑油会给水体及生物造成危害,每个游泳者会给水体带入一定量的氮和磷,这在一定程度上改变了水体及水体生物成分[60]。同时,在一些旅游区,由于宾馆、饭店等旅游设施建设会造成过度的生活废水以及生产废水排放,进而导致水体污染、水体富营养化等,也间接影响了植被的生长与发育。

> **案例导读1**
>
> ### 观鸟旅游对鸟类的负面影响
>
> 观鸟旅游通常观察鸟类三个阶段的行为:(1)接近时的行为;(2)飞行前的启动距离;(3)接近后的行为。
>
> 不正确的观鸟活动会对鸟类造成扰动,造成:捕食难度的增加;蛋和幼鸟在高温和低温下的损失;幼鸟供应的减少;场地遗弃;生存能力下降等方面的负面影响。

3.1.3 生态旅游与环境保护

环境资源是生态旅游的基础。保护环境是生态旅游的生命线,生态旅游必须以保护环境为前提[65]。为了能够更好地在旅游开发当中兼顾环境效应,生态旅游开发有着区别于其他旅游的重要原则。

(一) 景观评价

景观评价是针对景观属性现状、生态功能以及可能的利用方案进行综合判定的过程,具体会对景观质量现状的自然和人文属性、景观的利用开发过程的适宜性、景观功能的货币化价值等展开评价。评价景观的自然和人文属性是为了对景观的保护和开发提出建设性意见;评价景观开发利用的适宜性是为了满足生产发展的需要;评价景观功能的货币化价值是对景观质量、生产价值进行评估,目的是为了更好地实现景观的价值潜力转化。

景观评价有三条重要的标准,分别是:1)适宜性:景观对生态旅游活动的合适程度;2)抗干扰性:景观应充分照顾到生态系统的敏感性;3)审美性:景观应具有满足人的感官美的属性。

> **案例导读2**
>
> ### 景观评价标准的案例
>
> ● 观赏鸟类/蜻蜓:美丽的景观;动物的庇护所;丰富的生物多样性或稀有

物种；5%～15%的梯度

● 爬山：海拔超过1 000米；多样化的景观；5 m～200 m高的攀登距离；陡峭的悬崖部分70%～90%的坡度

● 观星：广阔的区域；较少的人工光源；露营/野餐区域；5%～15%的坡度；靠近水边的宽阔区域；40%～60%的森林覆盖率；表面的草可以抵抗践踏

案例导读3

景观的敏感性与审美性——张家界百龙观光电梯

武陵源景区的观光电梯位于张家界国家森林公园的北面，由中美合资的百龙电梯公司负责运营，在张家界的旅游地图上被称为百龙电梯。它包括154米地下竖井和172米地上井架，3台双层全暴露观光车厢并列分体运行，全程运行时间不到2分钟，日最高载客量达到1.8万人次。百龙电梯气势雄伟、工艺复杂，运行高度326米，仅花不到2分钟，就能走完原本5个多小时的路程。百龙电梯被列为吉尼斯世界纪录，是世界上最高、载重量最大、运行速度最快的户外观光电梯。2005年更是被评为"国际十大旅游景观工程"。

百龙电梯1999年10月动工修建，全长326米，总造价1.2亿。然而从电梯建成之日起，对于它的争论就一直没停过。

● 武汉理工大学教授王国华："一个是极天然的几千年的白垩纪时代的景观，另一个就是一个现代化的观光电梯。恰恰这个就带来了景观的破坏。"

● 百龙电梯公司总经理孙德隆："如果没建电梯，那个宾馆拆了以后，山上就成保护区了，游客来不了，来了以后下不去，就永远住在山上。那可能就要每天几千个帐篷。"

● 北京大学教授谢凝高："破坏并不是游客带来的破坏，往往是投资者和经营者的短期行为和急功近利带来的一个景点的破坏。"

● 张家界市旅游局副局长于国鑫："大家都抱着个金饭碗，抱着个美丽的风景而过着贫穷的生活，那么总要处理这个矛盾。"

2002年9月，当运营刚满3个月的时候，电梯就被建设部门叫停。当风波稍有平息，2003年8月7日，百龙电梯公司又宣布正式开始营业，引起了新一轮争论。北京大学教授谢凝高，1999年电梯动工时曾到张家界考察，是反对在风景名胜区建设百龙电梯的代表人物。

● 谢凝高:"国家风景区、自然风景区、生态保育区怎么能这样地搞破坏性的开发呢?我们从科学、工业、法规的角度来看这个问题,先决条件不修,就不存在后头的问题。"

电梯的建设要凿竖井、立钢架,这些人工设施是否会破坏张家界景区的自然景观?有人援引了国务院发布的《风景名胜区管理暂行条例》(1985年)的规定:在风景名胜区及其外围保护地带内的各项建设,都应当与景观相协调。在珍贵景观周围和重要景点上,除必须的保护和附属设施外,不得增建其它工程设施。

同时,就在2001年,百龙电梯的建设期间,张家界又以砂岩峰林地貌被评为国家地质公园。目的是保护上万年前形成的罕见地质遗迹——石英砂岩峰林,而电梯正是建在这样一座砂岩山峰上。

....

虽然,出于不同的角度与立场,对于张家界百龙电梯有着不同的评价。但不可否认的是,站在生态旅游与景观评价的立场上,"电梯"并不是应该出现在国家公园之中的景观要素。张家界电梯的建设也没有很好地兼顾考虑景观评价原则中的"敏感性"与"审美性"原则。

(资料参考:新浪新闻——经济半小时:张家界电梯"上下"的尴尬,http://news.sina.com.cn/c/2003-08-21/10251587506.shtml)

(二) 承载力

承载力是环境保护和可持续发展的基础,它指的是在不对资源造成负面影响的情况下最大限度地利用场地,削弱对游客满意度或该地区的社会、经济和文化产生的不利影响。虽然承载力极限有时难以量化,但它们对规划旅游和娱乐活动至关重要。

承载力分析包括四个方面的基本内容:
- 经济承载力——经济对旅游业的依赖程度
- 心理承载力——游客对目的地的满意程度
- 环境承载力——旅游业对物理环境的影响范围和程度
- 社会承载力——当地社区对旅游业的反应

景观的脆弱性,旅游业的发展水平,游客类型、数量和行为方式,环境教育的水平,经济依赖性,失业水平,当地居民的态度,目的地管理的性质等都是影响承载力的重要因素。

(三) 环境影响评价

环境影响评价(Environmental Impact Assessment, EIA), 简称环评, 是指对规划和建设项目实施后可能造成的环境影响进行分析、预测和评估, 提出预防或者减轻不良环境影响的对策和措施, 进行跟踪监测的方法与制度。在生态旅游中, 环评通常评估旅游发展对环境的预期影响, 充当着为决策者提供信息、说明开发可能后果的作用。

环境是指影响人类生存和发展的各种天然的和经过人工改造的自然因素的总体, 包括大气、水、海洋、土地、矿藏、森林、草原、野生生物、自然遗迹、人文遗迹、自然保护区、风景名胜区、城市和乡村等。环境有自然环境和社会环境之分。自然环境是社会环境的基础, 社会环境又是自然环境的发展。在生态旅游中, 环评没有固定的结构, 但通常用于评估未来的噪音污染水平、视觉影响、空气质量、水文影响、土地使用等与发展相关的景观变化。

生态旅游开发中的环境影响评价通常包含以下五个步骤: 1)确定影响; 2)测量; 3)解释影响的重要性; 4)展示评估的结果; 5)制定适当的监测计划。

(四) 生态修复和生态建设

生态修复与生态建设(Eco-restoration and Eco-construction), 是指通过人类干预恢复受损的生态系统。1985年, 在世界各国对受损生态系统恢复的理论与实践研究基础上, 英国生态学者阿赫尔(Aher)和乔丹(Jordan)提出了"生态修复与重建"的专业术语。目前对生态修复与重建还没有完全的定义, 综合生态修复相关案例, 绿维文旅将"生态修复"定义为: 根据生态学原理, 通过人工设计和恢复措施, 在受干扰的生态系统基础上, 通过恢复、修复、改良、更新, 重建一个具有自我维持能力的健康的生态系统(包括自然生态系统、人工生态系统、半自然半人工生态系统), 同时该系统在合理的人为调控下, 为自然、人类社会和经济服务, 实现资源的可持续利用[66]。

生态修复与建设的对象非常广泛, "生态修复""生态治理""生态重建""植被恢复"等方面均属于其范畴。另外, 从生态修复与重建的定义可知, 其涉及的技术手段也非常多, 但归纳起来主要包括两大类型, 即控制生态环境恶化的相关技术手段和修复重建需要涉及的相关技术手段。当然这两种手段的运用范围也不是严格划分的, 不是说运用于控制生态环境的技术手段就不能运用于修复重建之中，两者之间是互相交错的关系。在实际运用当中，应确定生态修复的主体目标（比如是以水生态修复为主体的目标），然后利用两种类型手段共同实现生态修复和重建的目的[66]。

案例导读4

旅游生态修复与生态建设案例

➢ 海岸带生态修复：秦皇岛滨海景观带

秦皇岛滨海景观带的海岸带生态修复是一个利用雨水滞蓄过程进行海岸带生态修复的工程。其恢复了海滩的潮间带湿地系统，砸掉了海岸带的水泥防浪堤，取而代之的是环境友好的抛石护堤；发明了一种箱式基础，方便在软质海滩上进行栈道和服务设施的建设。这项工程使昔日被破坏的海滩重现生机，同时也成为了旅游观光点。

➢ 红树林生态修复：三亚红树林生态公园

三亚红树林生态公园设计以红树根系理念恢复湿地系统，建立起适宜红树林生长的生境。采用人工种植与自然演替相结合的种植方式，健康稳固地恢复红树林。通过划分区域、分级保育，在红树林保护区与可开发区域形成鲜明的空间界定。进而建立慢行游憩系统，在自然基底之上引入休闲功能。最终建立起以红树林保护为核心的集生态涵养、科普教育、休闲游憩于一体的红树林生态科普乐园。

➢ 河漫滩生态修复：义乌滨江公园

为解决包括洪涝威胁、水污染、废弃物和建筑垃圾等问题并尽可能降低预算及维护成本，受到当地智慧农业的启发，义乌滨江公园进行了河漫滩生态修复工作。该公园的设计理念是创造一个低成本维护、具有雨洪调节和净化水质功能、保护本土生物多样性，同时能提供多样探索、游憩体验的城市公园样本。

3.2 基于景观生态学的生态旅游系统

景观生态学作为多学科综合的交叉学科，在环境科学和生态学界的学科地位不断加强，同时在自然保护、生态管理和景观规划等领域的应用逐渐广泛。景观生态学在研究景观空间格局、生态过程和演化动态等方面具有丰富的理论和科学的方法,生态旅游的要求决定了生态旅游区必须要兼顾旅游和生态系统保护功能,借助景观生态学的理论和方法,为生态旅游区的空间结构特征、格局等提供生态学、地理学等学科的视角。

3.2.1 景观生态学概述

(一) 基本概念

(1) 景观(Landscape)

根据学者肖笃宁等的定义,"景观是一个由不同土地单元镶嵌组成,具有明显视觉特征的地理实体;它处于生态系统之上、大地理之下的中间尺度;兼具经济、生态和文化的多重价值"[67]。这一定义表明景观的空间异质性、可辨识性、尺度性和多功能性等特征。福尔曼(Forman)根据人类对景观塑造的影响强度将景观划分为自然景观、经营景观和人工景观三类[67]。本书所分析的生态旅游即是以有特色的自然景观为主要客体的生态旅游,它的旅游资源开发应以生态环境保护为前提谨慎进行。

(2) 尺度(Scale)

尺度是一个时空概念,时间尺度指变化的时间间隔,空间尺度指研究对象的面积大小或空间分辨率水平,最小单位为像元[67]。目的在于通过这样一种测量尺度来揭示研究现象的规律性。通常分为测量尺度(Measurement scale)和本征尺度(Intrinsic scale)(或特征尺度(Characteristic scale))。前者指在对研究对象分析和观测时选用的尺度,不同的测量尺度所检测的现象存在差异,测量尺度大小常受到测量技术、仪器等限制;后者指格局或影响格局过程的尺度,它是自然现象固有且独立于人类控制的[68]。而地理学中常说的比例尺是分析尺度,与景观生态学中的尺度大小对应正好相反,如地理学中的小比例尺对应的是景观生态学中的大尺度,反之亦然。此外,幅度(Extent)指研究区的大小[69];范围(Scope)是粒度与幅度的比,为无量纲数据。

(3) 格局和过程

格局(Pattern)指空间格局,即景观单元的数目、类型及其空间分布和组成等,可大致分为随机型、均匀型和聚集型;过程(Process)强调事件的动态特征,指各种生态学过程,如群落演替、物质循环、能量流动等[70]。空间格局决定着资源地理环境的空间结构,制约各种生态过程。

(4) 斑块-廊道-基质

斑块(Patches)、廊道(Corridors)和基质(Matrix)是景观的基本空间单元。斑块也称缀块,指在周围环境在外观上或性质上存在不同,但内部相对均质的基本研究单元,是物种聚集地和能量交换场所,可分为有生命的,如湖泊、居民区、草原;无生命的,如裸岩、建筑物等。廊道是指斑块间的线性和带状生境,它起着促进生物迁移和基因流动的作用,如河流、公路等。基质是在一定景观中面积最广、连续性最大,在功能上具有优势地位的景观要素,通常在相对面积、空间连接度和对景观的动态控制程度上占主导地位。常见的有草原基质、农田基质等。

(二) 相关理论和原理

(1) 等级理论

自然界是一个复杂的等级系统,它存在各种不同时空尺度的生态演化过程。等级系统分为水平和垂直两种结构,水平结构指同一层次上子系统的结构、相互关系等;垂直结构指不同层次子系统的结构、相互关系等[70]。在景观生态学的应用中,基于等级理论的思想进行景观结构设计已有相应的案例,如在四川卧龙自然保护区的景观设计中,考虑斑块大小、景观适宜性和熊猫习性等进行区域划分和设计,有效地维持和保护物种的多样性和生存条件。

(2) 整体性与异质性原理

景观是不同的景观要素组成的复杂系统,具有整体性、连续性和异质性。根据系统论的思想,按照整体性来分析景观结构、功能与变化,可以充分认知景观系统的综合价值。

同时,异质性存在于生物系统各层次,景观层次也不例外,是景观生态研究的焦点之一。景观由异质要素组成,它的异质性主要由自然干扰、人类活动、演化更替等造成,空间格局是其空间异质性的具体体现。

(3) 格局过程关系原理

景观格局是不同尺度生态过程作用的结果,过程强调事件的发展变化。景观尺度上的生态过程对格局形成有决定作用,已形成的格局对过程起基本的控制作用[67]。

(4) 景观演化的人类主导性原理

景观演化通常有自然干扰与人类活动两方面。随着人口的快速增长和科技的进步,人类活动对景观演化无疑起到广泛而深刻的作用。一般来说,"将人为活动对自然景观的影响称为干扰,对于管理景观的影响,由于其定向性和深刻性可称为改造,对人工景观的决定性影响可称为构建"[67]。在景观生态建设中,要改善受损生态系统的功能,维持景观系统的平衡,减小人类活动的干扰,实现景观的有序演化。

(5) 景观多重价值与文化关联原理

景观具有生态、经济和美学等多重价值。而这些价值与人类对景观的认识有着密切的关系。如工业社会中生产力进步产生的城市景观与乡村景观存在的差异、中国南北园林景观背后的文化差异等。这些都反映出人类感知对景观的作用,但同时人类认知的选择和设计等也受景观的影响,如移民在新聚居地创造的景观往往受到本来民族文化传统的影响。

3.2.2 生态旅游系统

(一) 系统论

20世纪三十年代以后,西方科学家认识到机械认识论在实践中解决问题的局限,各学科孤立研究陷入困境,逐渐开始从不同学科以系统观来分析问题。美籍奥地利理论生物学家贝朗塔菲(L. V. Bertalanffy)将系统定义为"相互作用的若干要素的集合体"[71]。1945年,他提出了一般系统论(General Theory),指出一般系统论是关于适用于一般"系统"的原则的阐释和推导[72]。此后,耗散结构论、协同学等逐渐揭示系统的运动和演化。20世纪80年代后,各学科关于系统理论的横向融合促使系统学、系统科学形成。

系统是由相互作用的若干要素结合而形成具有一定功能并处于一定环境中的统一体[73]。系统是一组相互连接的部件,但每个部件本身又是一个系统,而这个系统又可以成为更大系统的部件(图3-1)。

系统论揭示了事物之间的内在联系,促进了人类对自然界和客观事物演化规律的理解。它认为各要素之间通过物质、能量和信息的流动以更新和维持系统的动态平衡,形成一个有机整体,主张从整体出发以动态观点来研究系统和各要素的关系。系统的基本特征可概括为:(1)整体性,系统是由两个或

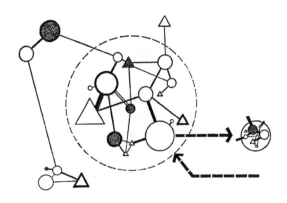

图 3-1　系统构成图示

图源：麦克劳林[74]；曾帆[75]

以上相互区别的要素按一定目的和方式有序组成的,系统的功效大于各要素功效之和。(2)等级性,自然界是多水平等级结构的复杂系统,由相互关联的低阶系统组成,低阶的系统又由更低阶的系统构成,以此类推。(3)关联性,低阶系统及要素相互联结产生整体属性,构成有序系统。(4)环境适应性,系统在一定的环境中生存和发展,与环境进行物质、能量和信息的交换,当环境发生变化后,系统也必然进行相应的改变以适应环境,继续存续。(5)目的性,有序和稳定是系统活动的目标,所有要素和子系统都为完成系统的目标而协调工作。

(二) 生态旅游系统

生态旅游与大众旅游最大的区别在于前者更注重在保护生态环境的基础上满足旅游者的需求,实现可持续发展目标。参照系统的定义,旅游活动可以视作一个系统。

"三体说"即是传统的旅游系统学说之一。它将旅游活动得以实现的因素概括为：主体(旅游者)、客体(旅游资源)、媒体(旅游业),三者相互依存和制约。生态旅游系统是指为了生存和发展,生态旅游各主体与生态环境之间及生态旅游各主体间相互联系和作用过程中,形成的具有一定功能和结构的动态平衡系统。目前,最普遍认同的是杨桂华和钟林生提出的"四体"生态旅游系统模式[76],即生态旅游系统由主体(生态旅游者)、客体(生态旅游资源)、媒体(生态旅游业)和载体(生态旅游环境)四要素构成(图 3-2)。其中,生态旅游环境作为载体纳入生态旅游系统是一大进步,它弥补了此前传统旅游系统学说中旅游活动所涉及的社会、经济、自然环境未能被概括的不足。

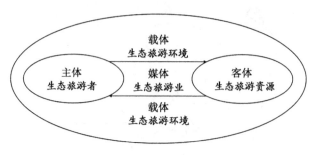

图 3-2 生态旅游系统构成

图源:杨桂华[76]

(三)景观生态学在生态旅游中的应用

生态旅游的目的是在保护自然和文化环境的前提下,让大众参与和欣赏自然和文化景观,并促进当地社区经济发展。生态旅游的参与和开发均需尊重生态规律以保证经济和环境的协调发展。

在生态旅游的概念尚未普及之前,景观生态学就已经被用于分析旅游规划和进行旅游开发。如曹新向等[77]基于景观生态学原理对自然保护区的旅游开发提出了包括自然优先、维护生态整体性与景观异质性、景观多样性与个性、景观稳定性和生物多样性原则的自然保护区旅游规划原则,并对规划与设计的技术过程提出了一定设想。

刘忠伟等[78]基于景观生态学的视角分析了生态旅游的内涵,强调生态旅游的综合性、空间性和生态性等。景观生态学与生态旅游结合主要集中在生态旅游规划领域。部分学者归纳了生态旅游的景观空间结构形态,即斑(景点、宿营地、旅馆、服务网点)、廊(交通路径网络)、基(旅游区的自然背景)、缘四类景观单元[67,79-80],并针对四类景观单元提出了不同的规划设计策略[81-82]。汪明林等学者[83]以峨眉山为例探讨了基于景观生态学的生态旅游线路设计,在明确峨眉山基质背景后,分析了其景观斑块和廊道,廊道主要有区间廊、区内廊和"斑"内廊三种,在考虑峨眉山生态安全格局和旅游功能分区后,在低山区、中山区、高山区分别设计了符合生态旅游特点和综合效益最优的多条游览路线[84]。

部分学者提出生态旅游规划的原则,如社区参与、生态管理、和谐统一、丰富多样和经济性与生态型相结合等[85-86]。西方学者提出了五圈层分区模式

(特殊地区、文化资源地区、自然环境地区、一般户外游憩地区、集中利用地区),已在风景名胜区、生态旅游规划中有所应用并取得良好效果[84],进一步地,中国学者总结提出了更适宜中国的五区模式,即生态保育;特殊景观区;文化遗产保存区;服务区(游憩区);一般控制区[87]。同时,对已开发的生态旅游过程进行反思,提出存在的生态破坏问题,基于生态旅游和景观生态学的理论和原则提出生态调控对策和措施,以实现经济、生态和社会效益的统筹[88-89]。

景观生态学中有一套完整的景观空间格局测定、描述和评估的指标体系,在研究中可以借此对生态旅游区的景观格局进行分析和评估,有助于认清生态旅游区的特色,为合理规划和保护旅游区的生态功能提供理论基础。邱彭华[88]等以福州市青云山风景区的规划设计为例,详细分析阐述了该旅游区在基于景观多样性、敏感性和生态适宜性基础上进行的宏观、中观和微观层面的具体规划设计,并对比分析了规划前后的景观结构和功能,发现景观生态规划使旅游区的景观多样性指数有一定增加,并使其维持较高的生态安全水平,规划后的廊道更加高效和通畅,促进了旅游发展与生态环境保护的协调发展。随着科学技术的持续发展,景观生态学与旅游学作为综合性较强的交叉学科,3S技术的引入为科学地规划和开发生态旅游资源提供了技术支持,在生态旅游适宜区选择和适宜性评价[89-90]、景观安全格局和敏感性评价[91]等方面已有较多应用。李会琴等[90]通过构建黄土高原生态旅游适宜性评价模型,利用RS、GIS对评价因子进行信息采集和空间表达,得出生态旅游适宜度评价方法。游巍斌等[92]利用3S技术判别武夷山风景名胜区的防洪、自然与文化遗产保护、游憩体验等景观安全格局和受游客影响的敏感区域,进而提出更精细的环境和游客管理安排。

生态旅游作为一种更具潜力的旅游形式,在未来的旅游发展中将得到广泛推广。在生态旅游规划、开发和经营管理过程中,景观生态理论都具有一定的实际意义,为生态旅游的科学性、可持续性提供了保障,为未来如何在激烈竞争中保持持续发展的势头指明方向。

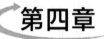

第四章
生态旅游产业发展

生态旅游业是联结生态旅游活动主体(生态旅游者)和生态旅游客体(生态旅游资源)的媒介,在生态旅游发展中起着组织和沟通的重要作用。本章从生态旅游业的概念出发,详细介绍了生态旅游业结构、质量控制以及各生态旅游业组成部分等内容。

4.1 生态旅游业概述

4.1.1 生态旅游业的定义与范围

顾名思义,生态旅游业是以生态旅游资源和旅游设施为基础,为生态旅游活动创造有利条件,提供生态旅游者所需商品和服务的综合性产业[3]。运营和管理生态旅游业所必需的三要素分别是生态旅游资源、生态旅游设施和生态旅游服务。其中,生态旅游资源是基础,为消费者需求的实现提供前提条件;其余二者则为生态旅游资源的顺利供给提供保障。生态旅游经济实体和政府决策部门协同,实现生态旅游的保护、致富、旅游、环境教育等功能。

从生态旅游活动过程来看,生态旅游业涵盖的相关产业包括以下三个方面:一是与生态旅游"准备"相关的产业,如办理生态旅游咨询和预订业务的旅行社、销售旅游用品的企业、传播生态旅游和旅游目的地的信息产业;二是与生态旅游"移动"相关的产业,如航空、铁路、汽车、船舶等运输行业;三是与生态旅游"逗留"相关的产业,如餐饮、酒店、娱乐等。从组织管理的角度,以上三个方面涉及多个经济部门和非经济部门:一是与生态旅游直接相关的企业,如旅行社、酒店、交通(包括铁路、航空、汽车、船舶等);二是配套生态旅游服务企业,如商场等娱乐场所;三是管理生态旅游的各种组织,如政府旅游机构、旅游协会生态旅游专业委员会、生态旅游培训机构等。这三类组织在生态旅游的发展中都扮演着非常重要的角色,直接或间接服务于生态旅游。

4.1.2 生态旅游业结构

根据不同的生态旅游业定义与范围界定,生态旅游业结构划分也具有差异性。

Higgins 在 1996 年提出生态旅游产业分为以下几个类型:出境自然旅游业运营商(Outbound nature tour operators)、入境自然旅游业经营者(Inbound nature tour operators)、当地自然旅游业经营者(Local nature tour businesses)[93]。其中出境自然旅游业运营商主要分布在工业化国家的主要重点城市之中,为出境游客提供生态旅游方面的服务。而入境自然旅游业经营者主要集中于非工业化国家,且通常只为一个国家提供服务。当地自然旅游业经营者通常指的是酒店、餐厅、生态旅馆、纪念品商店、导游等更具普遍意义的生态旅游经营者。

此外,也有学者从生态旅游属地对生态旅游业结构进行划分,将其分为旅游客源地,旅游目的地,私营部门、公共部门以及非政府组织等三大类[94](图 4-1)。

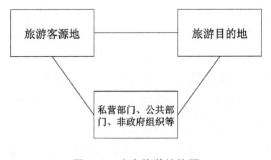

图 4-1 生态旅游结构图

资料来源:改编自韦弗[94]

本书中生态旅游业结构仅涵盖与生态旅游者相互作用的机构,即从"准备"到"移动"再到"逗留"的三方面行业和组织。具体来看可以分为:旅游服务的提供者(住宿、交通、景区、餐饮等)、旅游服务的经营者(旅行社、旅游经营商、旅游批发商)、旅游服务的监督者(政府旅游机构、中国旅游协会生态旅游专业委员会等开放性组织)(图4-2)。

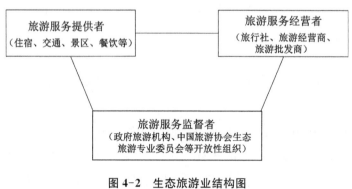

图4-2 生态旅游业结构图

资料来源:笔者整理

(一) 生态旅游景区

生态旅游景区作为生态旅游业的重要组成,是生态旅游服务的主要提供者。

一般来看,生态旅游景区中生态旅游要素丰裕。常规旅游景区以推动属地经济发展、契合游客多样化需求为中心,围绕为旅游者服务进行景区的功能设计。而生态旅游景区则是以生态、社会和经济综合效益最大化为主要目标,旅游和娱乐只是此种类型旅游景区的目标功能之一,它同时兼具减贫、保护、环境教育等多种功能。此外,两者在开放范围方面差异较大。一般来说,常规旅游景区为完成其发展目标,通常选择全方位对游客开放,而生态旅游景区则根据生态环境保护的要求来确定开放范围。例如,美国的黄石国家公园总面积达8 910平方公里,但仅1%的面积向外界开放,99%的面积区域保持原始状态,为野生动植物的生长提供适宜的栖息环境。

在生态旅游景区的种类划分上,1994年世界国家公园保护联盟和保护区委员会根据受人类影响的程度和允许人类干预的强度与方式将生态旅游景区分为6种类型:严格的自然保护区(未受破坏的区域、严格的自然保护区)、国家公园、自然遗迹、栖息地/物种管理区、保护景观/海景、资源管理保护区。各国基于其环境和资源特点,因地制宜开发了具有代表性的分类系统。例如,日本将生态旅游景区划分成：国家公园、准国家公园、都道府县立自然公园、自然保护区、自然游憩林（包括休息林、郊外运动林、风景林、自然观察林等）。美国的生态旅游景区则大致分为国家公园、国家林地、草地公园、项目试验地、特殊财产区（包括科学、历史、地质、动物、植物、古生物等）。

（二）生态旅游交通

生态旅游交通是发展生态旅游业不可或缺的组成部分之一，指生态旅游过程中提供游客所需的交通服务而产生的一系列社会经济活动和现象的总称。

1. 生态旅游交通的特性

生态旅游交通既存在普通交通运输业和常规旅游业共有的某些特性，又有区别于常规旅游业旅游交通的显著特点。

（1）环保性

生态旅游交通所具有的环保性是指在生态旅游中多选取符合生态环保、环境友好的绿色交通形式。传统的交通形式对生态环境的影响较为突出，尤其以汽车的尾气最为突出。因此，在生态旅游活动中要采取环保措施以降低交通工具产生的环境影响，一方面提倡在生态旅游过程中，大众尽可能乘坐公共交通工具，另一方面应当投入使用创新的清洁能源交通工具，如各种新能源汽车等，从交通形式上减少对生态环境的污染。同时针对生态环境较为脆弱的地区，采取人力、自然能源等作为交通方式，最大程度地减少与自然互动过程中产生的破坏。

（2）协调性

生态旅游交通的协调性是指在生态旅游目的地搭乘的交通工具应在色调、风格、路线规划等各方面协调区域自然与社会文化环境，同时凸显地方特色，增强生态旅游过程中的记忆点。

（3）地方性

生态旅游交通的地方性指目的地景区需根据本地气候、地形地貌、社会习俗等自然或社会特点设置相应的交通工具，以提高旅游者的舒适度。比如，在沙漠地区将骆驼作为生态旅游过程中的短途交通工具，生态旅游者不仅可以近距离感受当地风土人情，而且能够使社区居民也加入到生态旅游生产中。

2. 生态旅游交通业的基本构成

按使用地点，生态旅游业的交通分为两部分：一是生态旅游区外交通方式,二是生态旅游区内交通方式。

(1) 生态旅游区外交通方式,指生态旅游者选择何种交通工具前往生态旅游目的地,主要取决于区外的旅游与交通运输网络,该网络由公路、航空、水运和铁路等四大现代交通方式有机结合而成。通常生态游客采取四种模式组合到达目的地,它们相辅相成。

(2) 生态旅游区内交通方式。生态旅游区内交通工具要考虑运输功能的环保性和旅游参与功能要求的地方性,尽可能实现游客多样化的需求。比如,某些景区内使用传统的人力轿车作为短距离的交通工具。生态旅游区内交通方式主要有陆运交通工具、水上交通工具和空中交通工具三大类。

(三) 生态旅游饭店

旅游饭店是为旅游者提供食宿等多种服务的一种重要服务设施。在生态旅游业中,生态饭店又称绿色饭店,指为旅行者提供满足资源利用最大化、不破坏生态环境同时符合人体健康标准要求的产品和服务的酒店。这也是生态旅游饭店的经营宗旨,使顾客感受企业绿色文化,增强环保意识。(此部分将在4.3绿色饭店一节中进行详细探讨)

(四) 生态旅行社

生态旅行社作为生态旅游产品的组合和销售主体,是生态旅游业不可或缺的组成部分。它将生态旅游活动按一定规则进行社会化,并沟通和联结超越空间的生态旅游供给者和需求者。

旅行社在旅游业中的主要作用可以概括为两种:一种是组合设计各种旅游资源、旅游服务设施,并对其进行加工,使之成为旅游包价线路产品;二是招揽、组织和接待旅游者,也就是针对旅游者需求进行适配的营销和服务管理。

在销售过程中,旅行社根据生态旅游目的地的产品要素科学地设置多种生态旅游产品选择,从而制定一整套生态旅游计划。生态旅游者把购买综合生态旅游产品的全部费用付给旅行社,旅行社又根据生态旅游者的要求,把这些费用分配到生态旅游者前往的生态旅游景区、使用的生态旅游服务设施等上面。同时,旅行社施以针对性的区域营销,实现生态旅游产品的大规模销售。综上,旅行社是联结生态旅游活动各环节的重要组织者,使得生态旅游产品成功完成商业化过程。

旅行社的存在有利于保障生态旅游者成功实施旅行计划。在推进生态旅游计划时,旅行社需要协调完成如下任务:一是制定接待计划,包括与游客对接日程、路线等;二是组织调派活动所需团队及人员,健全生态旅游活动应急处理流程,确保顺利推进旅游计划。

(五) 非政府组织

非政府组织(Non-governmental organization,NGO)指由公民组织的不以营利为导向的社会组织。较之政府和市场力量,NGO 有一定的财力、人力及专业性的优势,能部分地补足政府和市场力量失灵的缺陷,提供相应的服务,对生态旅游有着直接或间接影响。

生态旅游业中活跃着诸多生态非政府组织,如世界自然基金会(World Wide Fund for Nature)等。这些非政府组织的成立动机通常是以公益、教育或生态为中心而非以营利为中心,其维持运营的费用主要依靠捐赠。生态非政府组织运营的主要目的是通过项目保护生态的多样性、生态旅游和其他社区。在生态旅游业中,非政府组织(NGO)的职能包括:寻找资金、撰写提案、指导当地工作、管理资金,充当社区和国际捐助者之间的中介,并撰写报告。

4.2 生态旅游业的质量控制

4.2.1 生态旅游业质量控制维度

自 20 世纪以来,生态旅游业逐渐受到重视,质量控制成为生态旅游业的中心问题。这表明生态旅游产业日臻成熟和规范,就其核心属性已达成一定的行业共识。生态旅游业中的质量控制不仅可以促进文化的可持续性,并且对处于该生态系统中的所有产业均具有借鉴作用。可持续性发展是生态旅游业的核心观念,也是必须遵循的强制性要求。

从宽松的、非正式的质量控制维度到严格的、正式的度量标准,生态旅游业质量控制可以分为以下五个维度(表 4-1):行为规则(Code of conduct)、允许度(Compliance)、评估认证(Accreditation)、质量认证体系(Quality system)、认证证书(Certification)。

表 4-1 生态旅游产业质量控制表

行为规则 (Code of conduct)	允许度 (Compliance)	评估认证 (Accreditation)	质量认证体系 (Quality system)	认证书 (Certification)
● 总体产业行为 ● 行为指导 ● 对个人和组织的参与没有要求	● 非正式 ● 遵循行为规则 ● 组织自愿 ● 可能包含一个标识	● 正式 ● 自愿的 ● 通过产业或者其他实体，包括标准化技术、经验或活动 ● 包含审计 ● 个人或组织	● 正式 ● 自愿的 ● 外部驱动 ● 循序渐进 ● 与外部标准或标准化操作一致 ● 包含审计与标准设定 ● 以组织为基础	● 正式 ● 必须的、义务的 ● 经过外部检验（已被承认）的标准 ● 包含审计 ● 撤销方式 ● 惩罚

资料来源：韦弗等[94]

4.2.2 生态旅游业行为规则与允许度

在 20 世纪 80 年代至 90 年代早期，旅游产业曾倡导使用行为规则来对旅游产业质量进行控制。但是由于行为规则的模糊性、缺乏具体的时间限制与约束、尚未制定可实施的惩罚措施等原因，并未产生一个良好的效果。这种行为规则通常需要较强的自我约束和道德准则，只有自愿坚持行为准则并有效地进行自我约束，行为规则才能产生作用。而允许度作为一种非正式的行为规则，可能只包含一个标识，与行为规则的约束力相似。

南极旅游经营者国际联合会（International Association of Antarctica Tour Operators，IAATO）的实践被认为是生态旅游业内部一个自愿性质的、优秀的行为规则案例。该案例列出了组织者与经营者在到南极旅行之前、期间以及之后应该遵循的常规（详见 IAATO 官网，https://iaato.org/）。

4.2.3 生态旅游评估认证计划

生态旅游评估认证计划建立一套能判定旅游企业供给的旅游活动及产品是否符合行业特定标准的方法。本计划旨在鼓励产出质量稳定、优良的产品，促使企业对相关措施不断改进。在以下情况下将被授予产品认证资格：产品符合信誉良好的代理机构规则并有良好的市场基础；持续受到有效监控和评估；在非屈从的情况下实施富有意义的认可程序等。

由于率先实施了自筹基金的自然与生态旅游评估认证计划（Nature and

Ecotourism Accreditation Programme，NEAP)，澳大利亚的生态旅游评估认证工作全球先导者的地位得到了广泛认可。该计划于1996年提出，由澳大利亚生态旅游协会(Ecotourism Association of Australia，EAA)和澳大利亚旅游经营者协会(Council of Australian Tour Operators，CATO)共同管理。现在，该评估认证计划已经广泛应用于住宿设施、旅行产品和震区的评估，并在各领域都形成了一套相关的准则。一家公司可根据四种单独的产品被提名为三种评估认证种类中的任何一种：(1)"自然旅游"；(2)"生态旅游"；(3)"先进生态旅游"。"自然旅游"评估认证应用于那些以自然环境为基础的产品，如探险旅游产品，这类产品符合环境可持续性的标准化操作，但并不是必须达到有关学习、社会文化可持续性及持续增长等标准(表4-2)。"生态旅游"和"先进生态旅游"之间主要的区别在于后者的核心体验是通过有效的产品解释获得学习的体验。

表 4-2 符合 NEAP 认定的原则

自然旅游或生态旅游	自然旅游	生态旅游	先进生态旅游
关注直接和由人感受的自然	√	√	√
提供体验自然的方案，其方法是要导致更深刻的理解、欣赏和愉快	任选	对体验强制但非必需的核心	体验的核心要素
对环境可持续性旅游表现出最佳方法	√	√	√
对保存自然区产生积极贡献		√	√
对本地社区提供进行中的结构性贡献		√	√
对不同文化，特别是本土文化敏感，涉及不同文化		√	√
恒定地满足消费者的期望	√	√	√
准确地开辟市场，导致现实的预期	√	√	√

资料来源：NEAP2000，www.ecotourism.org.au

表4-2的八个标准中的任何一个都能划分为下一级标准和再下一级标准。如"对保存自然区作出积极的贡献"(第四个标准)可以被细分为"保护的

优先权"与"自然区域的管理",同时,后者可以被进一步细分为三个附加的评估标准。"生态旅游"与"先进生态旅游"评估认证之间的差别是后者必须符合额外附加的评估标准。如在"先进生态旅游"的评估认证中,必须对"自然区域管理"次级标准下的两个再次一级的附加标准进行评估。除了与自然生态旅游资源、学习和可持续性等相关的核心标准,自然与生态旅游评估认证计划还立足于顾客期望的满意度,并进行正确的市场营销以引导顾客产生现实的期望值。那些接受了评估的产品被允许附带相关的认证标志进行推销(图 4-3),在产品促销过程中正逐渐演变为一种明显的象征。

图 4-3　NEAP 的认证标志

图源:澳大利亚生态旅游官网,www.ecotourism.org.au

自然与生态旅游评估认证计划(NEAP)认证程序可以大致分为几个步骤。首先需要企业在澳大利亚生态旅游官网(www.ecotourism.org.au)在线填写申请表并且依据企业销售额缴纳认证费用(表 4-3)。在收到官网的确认邮件后完善申请资料并提交给 EAA。评估者将对申请材料进行审核,任何反馈问题都会进行跟进,这个过程将持续 1~2 周时间。资料审核完毕后,评估者将进行十二个月的现场外部审核,审核通过即获得认证。该次认证的有效期限为三年,在此期限之后需提出新的认证申请。此外,在每年的认证日需要向协会支付续签费,并向协会发送完整的年度声明以说明企业仍在遵守协议条款。管理机构还会从被认证的产品中选取一定比率进行随机的审计,EAA 和 CATO 同样鼓励顾客反馈信息,并将反馈信息作为评定企业认证资格的一种非正式手段。如果一种产品被发现没有达到任何一个认证标准,企业将被给予三个月时间用以纠正这种情况,或是(从表面上)取消企业的认证资格。

表 4-3 自然与生态旅游评估认证计划(NEAP)年费表

单位：美元

销售额	年费	
	ECO(包含销售税)	因气候行动(Climate Action)组合而进行优惠(包含销售税)
<250 000	580	130
250 001～1 000 000	815	195
1 000 001～5 000 000	1 170	270
5 000 001～10 000 000	1 385	325
>10 000 001	1 565	375

资料来源：澳大利亚生态旅游官网，www.ecotourism.org.au

为规范开展自然保护地范围内的生态旅游，促进全民共享优质生态资源和当地社区经济发展，中国也制定了国内的自然保护地生态旅游认证标准。《中国森林认证——自然保护地生态旅游》(Forest Certification in China — Ecotourism in Natural Protected Area)(LY/T 3246—2020)是 2021 年 6 月 1 日实施的一项林业行业标准，归属于全国可持续经营与森林认证标准化技术委员会。其规定了森林生态旅游认证的指标体系和维度，包括生态旅游满意度、生态旅游服务、设施、行为规范、安全保障、社区发展等方面。该标准适用于自然保护地生态旅游认证，其他生态旅游经营单位可参照执行。该认证标准规定了开展自然保护地生态旅游认证应遵循的指标体系，包含 8 个一级指标、30 个二级指标、102 个三级指标。

4.2.4 生态旅游业质量认证体系与认证证书

质量认证体系是一个正规的质量控制机制，是一个受到国际认可的质量控制程序与标准。若一个企业达到了质量认证体系的标准，则表明其产品的生产与产业标准化操作相一致。标准化操作包括对实践过程的鉴定，被认为是在一定时间与实践中对相类似的经营机构进行有关产品、执行水平等要素鉴定的最经济、最有效的方式。其中，最被广泛认知的是由国际标准化组织(International Organization for Standardization，ISO)继 ISO9000 标准后推出的又一个管理标准 ISO14000 系列标准。该标准旨在增强各经营主体的环境意识,提高管理能力,进而达成环境保护的最终目标。生态旅游业中的许多经营者将其应用于生态旅游业,其结果是获得"认证证书",即为"质量得到认可的公司"。但是由于认证资格体系的复杂性、过程的长期性、认证的高费用,在实际操作中并没有获得广泛的推广。目前来看,标准化操作的有关标准是属于内部的判定标准,不同的国家均有其特殊的规定,如昆士兰旅游(Tourism in queensland)有其每年一度的判断标准——环境旅游种类(Environmental tourism category)。

质量认证体系中审计也是不可缺少的一个因素。审计是一个过程,一个企业经过该过程才能确认及证实相关评价标准,为评估认证资格提供可靠性和合法性,并且测量及鉴定其标准化操作的程度。这类审计和自然与生态旅游评估认证计划(NEAP)相似,既可以是内部审计也可以是外部审计。通常内部审计是针对外部的审核过程而进行的准备工作。

4.3 绿色饭店

4.3.1 绿色饭店概况

(一) 定义

绿色饭店指在规划、建设和经营过程中,以节约资源、保护环境、安全健康为理念,以科学的设计和有效的管理、技术措施为手段,以资源效率最大化、环境影响最小化为目标,为消费者提供安全、健康服务的饭店[①]。

绿色饭店的"绿色"有三层含义:一是"绿色"服务,即要为顾客提供舒适、安全,符合人体健康要求的绿色客房和绿色餐饮等。二是"绿色"物品,即要求用于服务的所有物品是安全、环保的。三是"绿色"管理,即经营管理过程中要注重保护生态和资源的合理利用。

绿色饭店的核心理念可以概括为"节约""环保""放心""健康"。"节约"指在经营过程中强调能源节约,鼓励资源循环利用;"环保"指经营过程中增强服务者与消费者的环保友好意识;"放心"指食品和公共安全有保障;"健康"是指

---

① http://ltfzs.mofcom.gov.cn/article/ae/200904/20090406144458.shtml

饭店为消费者提供有益于大众的身心健康的服务和产品。

(二) 绿色饭店发展历程

20世纪80年代末期,在全球"绿色浪潮"的推动下,部分欧洲饭店开始尝试经营"绿色饭店",并且创造了较高的经济效益。1991年,由英国查尔斯王子任主席的"国际旅馆环境倡议"机构成立。至1993年,旅游环境保护国际会议召开,这表明饭店行业的环境保护意识上升到新的高度,环境管理开始成为全球性、行业性的行为。

1995年左右,中国一些大城市如北京、上海等的外资、合资饭店开始探索和效仿"绿色饭店"理念,展开环境保护行动,但这一时期的保护行为多集中于减少固废和物资消耗。1999年,浙江省首先在全省范围内开展创建"绿色饭店"活动,2000年浙江省公布第一批次"绿色饭店"。此后,深圳、四川、山东等省市相继发布区域内绿色饭店评定标准。2003年,中国饭店协会制定的第一个绿色饭店国家行业标准(SB/T 10356—2002)于同年3月1日起正式实施,这一国家行业标准,将绿色饭店的概念由单纯的"环保型饭店"扩展为"安全、健康、环保"的饭店,为饭店的发展提供了新的关注点。2008年3月1日,《绿色饭店》(GB/T 21084—2007)国家标准开始实施。同时,为进一步推进创建工作,国家成立了不同级别的绿色饭店工作机构。截至2020年8月,全国已有绿色饭店地方机构20家,登记在册的绿色饭店(餐饮)共734家。

4.3.2 绿色饭店的评定标准

绿色饭店不仅是一种新的饭店经营理念,而且制定了具体的评定标准和运作模式。浙江省旅游局率先制定出国内首部《"绿色饭店"评定标准》,以该标准为依据在全省旅游饭店业持续推进"创建绿色饭店"的活动。评定标准分为必备条件和备选条件两大类。其中必备条件有五条:

(1) 参加创建"绿色饭店"的活动,建立"创绿"组织,主要领导分管,配备专门管理人员,各部门设有负责"创绿"的分管人员,形成管理网络。

(2) 制定明确的"创绿"目标指标,建立健全有关节能、环保和降耗的规章制度,能按要求准确、及时地填报有关报表。

(3) 要求绿色饭店领导每季度定期检查"创绿"活动中存在的问题,有相关记录和整改措施,并取得成效。

(4) 能自觉遵守国家各项有关节能、环保、卫生、防疫等法律法规。

(5) 饭店主要公共场所和部门有"创建绿色饭店"活动的气氛。饭店装饰体现生态内容,有倡导绿色消费的告示和文字说明,有相关报刊、杂志展示。

评定标准的备选条件包括节能管理、环境保护、降低物资消耗、提供绿色产品、社会环境经济效益等5大项74个分项,共130分。

4.3.3 绿色饭店的作用

绿色饭店主要通过"节约""环保""放心""健康"的核心理念为生态旅游业的发展作出贡献,主要反映在以下几个方面:

(1) 环保性

饭店建设和经营需要消耗大量的自然资源,同时影响周围的自然、城市景观和生态环境。绿色饭店通过综合考虑自然和人文因素以及执行目标、国家相关环境标准的方式,使自然资源得到充分和科学的利用,减少人为的影响和破坏,从而最终达到对环境影响最小的目的。

在绿色饭店生产过程中尽可能降低饭店对环境的污染,避免消耗传统能源(如煤炭、天然气等)排放出"三废"污染物,及避免消耗大量的电能和使用电器设备间接加剧环境污染或直接污染环境。绿色饭店选择使用节能设备和环保产品来减少环境污染,并采用先进的科学和管理技术(如自动化)减少无谓的物资消耗,提高设备的使用效率,从而减少环境污染物的排放。

(2) 节约性

绿色饭店的服务项目繁多,对各种物资的需求较大,如提供餐饮需要粮食和果品蔬菜,顾客洗浴需要消耗大量的水资源以及洗浴用品,维护客房的清洁卫生也需要消耗水资源和清洁用品,各类服务项目的实施都会对资源形成需求压力和造成环境污染。绿色饭店主动减少物资的消耗,如建议顾客用餐时要注意节约,而不是铺张浪费;减少房间清洁维护的次数,尽量不对客户提供免费的用品(如肥皂、洗发水、沐浴液等),以尽量地减少物资的消耗程度。

(3) 放心性和健康性

饭店承担着大众一定时期内的生活、休憩和娱乐功能,其内部生存空间品质对人类健康至关重要。因此,饭店除了要确保室内外空间安全卫生外,还应注重室内外空间的绿色产品优化来满足消费者持续变动的需求。

(4) 可持续性

环境保护是一项全社会的工作,每个人、每个团体和每个企业都有责任和义务。通过参与环保活动,绿色饭店促进环保的社会认知和生态旅游业的可持续发展的实践成为行业可持续发展路径的又一案例。

4.3.4 绿色饭店的绿色营销

绿色营销指企业以促进可持续发展为目标,为实现企业经济利益、满足消费者需求和保护环境利益的统一,有目的、有计划地开发和交换产品的一种管理过程[95]。该定义强调经济、环境效益和消费者需求的有机统一,以及可持续发展目标的最终实现。

绿色营销贯穿于饭店运营的各个环节,绿色发展理念是核心,绿色饭店组织是基础,绿色营销策略是关键。为落实绿色饭店的绿色营销策略,可以从以下几个方面入手。

(一) 树立绿色发展理念

绿色理念是绿色饭店管理、营销及服务的思想基础,是实施绿色营销的前提。在构建绿色营销策略的过程中,管理者需在服务、管理、员工培训等过程中充分贯彻执行绿色理念,为顾客更好地呈现和宣传绿色理念。同时,将绿色理念贯彻于饭店文化之中,采用"建绿色房,吃绿色食"等思路提高绿色消费占比,增强消费者的环保意识,树立绿色发展理念。

(二) 塑造绿色组织文化

绿色饭店文化是指在饭店文化中贯彻环保理念,全方位增强企业的绿色意识,是绿色饭店价值观的体现。在"保护环境,崇尚自然、促进可持续发展"的环保意识指导下,绿色饭店作为酒店业中实施绿色管理的先行者,应首先培育绿色组织文化,引导和健全饭店员工的绿色价值观,从而树立企业的绿色形象。

(三) 实施绿色营销策略

营销策略是指以消费者需求为中心的市场营销观念,是市场营销手段综合运用的结果,包括产品、定价、渠道、促销(4P)四种手段。Ginsberg 和 Bloom (2004)[96]使用产品、价格、地点和促销的主要营销组合工具将绿色营销分为四个主要策略:(1)精益绿色战略;(2)防御性绿色战略;(3)阴影绿色战略;(4)极端绿色战略。据学者介绍,采用精益绿色战略的公司并没有做太多工作来促进其绿色倡议,而只是试图通过实施环境计划来降低成本。使用防御性绿色战略的公司这样做是作为应对竞争对手和环保组织的外部压力的预防措施。当使用绿色阴影战略时,公司通常关注长期利益,并将绿色活动视为创造创新产品和技术的机会,同时完善的系统也被用来实现预期的结果。最后,使用极端绿色战略的公司将环境问题和责任充分纳入其业务战略,并解决诸如环境定价、质量和制造等问题。绿色饭店应根据自身面向绿色消费者的市场定位,对自身可控制的各种营销手段进行协调,尽可能采取消费者满意度高的营销策略组合,促进行业的可持续发展。

(1) 开发绿色产品

绿色营销的核心在于绿色产品的开发,绿色产品的开发应遵循 4R(减量,Reduce;复用,Reuse;再生,Recycle;替代,Replace)原则。通过营造绿色环境、塑造绿色客房等途径开发绿色产品,践行"节约、环保、放心、健康"的核心理念。

(2) 制定绿色定价

绿色饭店价格策略的选用需权衡绿色成本和绿色需求,保证饭店的经济效益。可以从减少废物产生、提高产品重复利用率上,降低绿色产品的定价,从而使更多消费者能够享受绿色产品和服务。

(3) 开辟绿色渠道

绿色渠道的建立需要饭店对供应商、中间商作全面评价,尽可能采购绿色产品,建构绿色营销渠道。学者提出以下几种绿色渠道建设途径[97]:销售方面渠道尽可能扁平化,降低运输、储存等各环节成本,减少污染;包装绿色化;生产基地专业化;开展服务人员绿色工作培训和管理;成本管理方面,利用新兴管理技术,降低扁平化渠道管理的成本。

(4) 推广绿色促销

结合饭店的绿色形象和内容,饭店可利用各类媒体营造绿色消费氛围,鼓励社会绿色消费。同时提出简洁有力的宣传标语、口号等,扩大影响,塑造饭店的良好形象,提升饭店的知名度和美誉度。

第五章
生态旅游利益相关者

生态旅游作为一种可持续发展的旅游形式,在发展过程中涉及到旅游者、当地社区、政府等多方主体的共同参与。识别和了解生态旅游的利益相关者是生态旅游可持续发展的基础和前提。本章首先介绍了利益相关者的概念,引出生态旅游利益相关者的划分与层次,并针对生态旅游中最为重要的导游、生态旅游者、社区居民三大利益相关者进行详细阐述。

5.1 利益相关者

5.1.1 利益相关者理论

利益相关者理论是 20 世纪 60 年代英美企业在探索公司治理模式过程中建立的理论体系[98],代表着企业经营从传统的以股东为核心向更具普适价值的利益相关者为核心的理念转变。其核心思想是:企业的发展需要各种利益相关者的投入和参与,企业追求的不仅是股东的利益,而是利益相关者的整体利益[99]。公司应为利益相关者服务,股东只是其中之一并非全部。自 1979 年罗思诺(Rosenow)和普尔斯菲(Pulsipher)强调旅游目的地发展和管理需要"公众参与"之后,公众参与和利益相关者理论便逐渐结合起来[100]。这一理论强调每个人都是独立的经济人,都在追求自身利益的最大化,从而促进整体社会经济的发展[101]。

利益相关者理论于 20 世纪 80 年代开始被应用于旅游研究领域。1999 年 10 月 1 日,世界旅游组织大会第十三届会议通过了《全球旅游伦理规范》,其中明确使用了"利益相关者"一词,提供了旅游业发展中不同利益相关者的行为参照标准,标志着"旅游利益相关者"概念正式得到官方认可[99]。而利益相关者理论在生态旅游研究领域的应用始于20世纪90年代前中期,国外学者的研究主要集中在旅游利益相关者的界定及分类[102]、旅游环境伦理与可持续发展[103]等方面。

相较而言,中国旅游学界引入利益相关者理论始于21世纪初,自引入便得到了众多学者的关注。国内研究主要通过定性分析描述生态旅游利益相关者[104]、界定生态旅游利益相关者的概念内涵[105],以及基于不同视角分析生态旅游利益相关者的结构关系[106]等方面。

在生态旅游管理中,政府政策、市场调节以及技术升级都不足以满足生态旅游的管理要求。生态旅游管理需要行政部门、旅游经营者、旅游者、当地居民、研究者等相关利益主体价值观的交织、碰撞、磨合。生态旅游可持续发展的关键就是要在利益相关者之间建立系统的平衡与制约机制,从而形成一个互惠、稳定的一体化共生系统。

5.1.2 生态旅游利益相关者界定

一般来说,利益相关者指任何能影响组织目标实现或被该目标影响的群体或个人,是受事件的原因或者结果影响的任何人、集团或者组织,是任何能影响或为组织的行为、决定、政策、实践或目标所影响的个人或团体[102]。在"生态旅游利益相关者"的定义上,大多数学者将"利益相关者"理论直接或间接地对应到"生态旅游"领域中,如王钊提出,生态旅游利益相关者就是那些"能够对生态旅游活动的开展施加影响并且还能受到生态旅游活动影响的人,如果他们之间的利益不能够被满足就会阻碍了生态旅游的发展"[107]。

基于利益相关者的定义,学者们结合各自的研究情境进一步对利益相关者群体进行了分类。J. 罗伯逊(J. Robson)和 I. 罗伯逊(I. Robson)将旅游利益相关者分为股东、员工、游客、居民、压力群体、国家地方政府、宾馆、旅游交通、旅游景区、旅游代理商、媒体等,并绘制了利益相关者图谱[108]。瑞安(Ryan)拓展了两位罗伯逊(J. Robson, I. Robson)的研究,将旅游利益相关者界定为12类,包括地方和国家吸引物、交通供应商、媒体组织、国家旅游组织、地方政府旅游营销部门、中央政府、旅行代理商、最终消费者、饭店、地方旅游局、压力群体和员工[109]。

由于政治体制、社会结构、经济结构及旅游组织结构不同,与生态旅游有关的利益相关者不尽相同。在此,我们总结了多位学者对于生态旅游利益相关者的类型划分(表5-1)。虽然生态旅游利益相关者的类型划分仍没有统一标准,但是均与生态旅游活动密切相关。

表5-1 生态旅游利益相关者类型划分

来源	利益相关者
斯沃德布莫克[110] (Swardbrook,1999)	当地社区、政府机构、旅游企业、旅游者、压力群体(Pressure Group)、志愿部门(Voluntary sector)、专家和媒体
大卫[111] (David,2004)	各级政府、私营部门、非政府组织、多边或双边的捐赠者、旅游者和当地社区等
王纯阳等[105](2012)	政府、自然保护区、旅游企业、当地社区、生态旅游者以及专家学者团体等

资料来源:根据以往文献整理[105,110-111]

总体来看,国内学者更强调行政管理的重要性,而国际学者更关注非政府组织参与。本章依据以往研究结果及当前我国生态旅游的发展现状,认为可以将生态旅游利益相关者划分为各级政府、自然保护区、旅游企业、当地社区、非政府组织、生态旅游者以及专家学者团队等7个类别。

5.1.3 生态旅游利益相关者的层次划分

基于不同的理论视角,生态旅游利益相关者呈现出不一样的关系结构与层次。在此,我们总结了多位国内学者对于生态旅游利益相关者的层次划分(表5-2)。

表5-2 生态旅游利益相关者层次划分

来源	理论/划分依据	维度
宋瑞(2005)[112]	紧密程度	核心层、紧密层、松散层
刘燕(2008)[113]	米切尔评分法	确定的、预期的、潜在的
旷雄杰(2010)[114]	重要程度	核心层、战略层、边缘层
王纯阳等(2012)[105]	多维细分法、米切尔评分法	主动性、重要性、紧急性

资料来源:根据以往文献整理[105,112-114]

其中,结合多维细分法、米切尔评分法,从主动性、重要性、紧急性三个维度对生态旅游利益相关者进行分类划分的方法受到广泛认同。生态旅游利益相关者的"主动性"是指利益相关者影响生态旅游地旅游发展的主观意愿,一些利益相关者会对生态旅游地旅游发展主动施加影响,同时也主动承担着生态旅游地旅游发展的风险;而另外一些利益相关者则是被动地受到生态旅游地旅游发展的影响,从而被动地承担旅游开发的风险。"重要性"是指利益相关者对于生态旅游地旅游发展的影响差异。有的利益相关者非常重要,绝对不可或缺,有的则可能影响不大,游离于利益相关者的群体边缘。"紧急性"是指不同利益相关者其利益诉求的紧迫性会存在差异,有的利益相关者在一般情况下可能既不主动,也不重要,但是在特定情境下其利益诉求必须很快得到满足,否则就会影响到生态旅游地旅游业的持续发展[105]。

5.2 导游

5.2.1 生态旅游中的导游

导游作为旅游中特殊的利益相关者,几乎与其他所有利益相关者都有合作,包括游客、旅游目的地、当地社区、政府当局等。导游能够帮助旅游者获得印象深刻的旅游体验,促进旅游业的繁荣,进而有助于实现目的地的可持续发展目标。

根据欧洲导游协会联合会(FEG)的定义,导游是"带领来自国外或导游自己国家的团体或个人游客参观城市或地区的建筑、景点和风景;用游客所选择的语言,生动有趣地诠释文化、自然遗产和环境"。导游是联结景点和游客的重要媒介,导游为游客提供专业的讲解,解决游客在旅途中遇到的问题,帮助游客获得更好的旅游体验。在生态旅游业中,除了这些基本职能外,导游还需要对服务内容进行深化和拓展。游客通过生态旅游不仅要满足休闲放松需要,还要在游览中认识到保护生态环境的重要性,增强环保意识。因此,导游要担负起对游客进行环境教育的责任,必须具备相应的环境知识、环境意识、环境道德、环境审美以及对环境知识等的解说能力以及对旅游者的环境行为进行适度干预的沟通能力和管理能力等。

在生态旅游中的导游与传统旅游中的导游具有差异性，具体在三个方面有所体现：

（1）景区方面

传统旅游中的导游可能更偏重景区经济职能，导游除了介绍景区外还需要通过自身的讲解提高游客的消费水平。而生态旅游中的导游需要同时兼顾经济职能和社会职能，通过自身的职业素养提升景区形象，普及环保意识，最终促进游客对生态旅游景区的环境保护行为。

（2）游客方面

传统旅游中导游讲解的重点是景区景点背后的历史典故、神话传说，从而提升游客对景区的认知，获取景区的有关知识。而生态旅游中导游要在讲解之余需融入自然人文、生态保护等内容，提升游客保护生态环境的意识，避免做出破坏环境的行为。

（3）社区方面

传统旅游中导游一般不参与游客和当地居民的交往；而生态旅游中导游重视风土人情等人文环境的作用，鼓励游客和原住民的交流互动，同时提醒游客不干预当地居民的正常生活，尊重其生活习惯。

5.2.2 导游在生态旅游中的角色与责任

导游在旅游中所扮演的角色具有多重性，生态旅游中导游的角色与一般旅游中的导游有相似之处。科恩（Cohen）所构建的理论框架系统全面地解释了导游所扮演的角色[115]（见表5-3）。科恩（Cohen）指出现代导游继承、结合和拓展了他们的前身：领导者（Leader）和中介者（Mediator）的角色。以导游角色的发展历程为视角，他认为导游职业完成了从组织活动为主的初期导游（Original guide）到联络交流为主的专业导游（Professional guide）的转变，这个过程凸显了现代导游的两大职能：作为指引、介入、控制旅游活动的领导者及协调、交流、促进社交的鼓舞者。旅游设施的发展完善、游客细分市场的精准把控，从外部推动了初期导游向专业导游的转变过程。初期导游是由早期的向导演化而来的，主要作用是帮助引导探险爱好者等小众旅游群体进入尚未完成旅游开发的区域，这类游客希望借助初期导游规避在陌生区域旅行的潜在危险，并得到当地社区和居民提供的生活服务。因此，初期导游主要是对外服务的,以组织和介入作为其主要职能。这些导游通常是熟悉当地环境的本地人,少数人还具备外语和旅游者需求等基本知识,但是未接受过系统培训,主要依靠个人经验完成相关服务。初期导游往往可以和游客和睦相处,但是随着旅游业的深入发展,游客规模逐步扩大,同时部分业务精湛的初期导游转变职业方向,缺乏经验的年轻导游开始成为市场的主流,导游服务质量下降,宰客等不文明行为开始出现,导游专业化成为了行业发展的必然要求。专业导游本质上是由老师的角色发展而来,其服务对象是在固定线路上(如博物馆)的固定类型游客,尤其是有组织的大众旅游者。相应地,专业导游的职能逐渐由传统的向导职能转向联络、交际等方面的社交职能。

表5-3 导游角色示意表

职能	外部导向	内部导向
领导职能	功能性领导职能(探路者) A:指引 B:进入 C:控制	社会性领导职能(鼓舞者) A:关系管理 B:促进团队融合 C:鼓舞士气 D:鼓动
协调职能	互动职能(领队) A:讲解 B:组织	交流职能(导师) A:选择 B:提供信息 C:解说 D:编故事

资料来源:改编自 Cohen[115]

科恩(Cohen)将导游的职责做了进一步的细分,以外部指导、内部指导、领导职能和协调职能四个维度构建了导游角色的2×2矩阵(见表5-3)。他认为领导职能中外部导向体现了导游的功能性,内部导向体现了导游的交际性。协调职能中外部导向反映了导游的互动性,内部导向则体现了导游的交流性。科恩(Cohen)对每一类型的导游分别进行了命名:探路者(Pathfinder)、鼓舞者(Inspirer)、领队(Tour-leader)、导师(Mentor)。每个角色都有其具体职责[115]。

首先,探路者是指导游确保旅游在"正确"的轨道顺利完成的责任。对此,导游需要指挥旅游活动,寻找或者选择正确的旅游路线,尽可能使旅游团能在选定路线上欣赏到其所期望的目标。其次,导游不仅要引导游客进行自然环境下的旅游活动,也要引导他们进行社会环境下的参观游览(如工厂、学校、少数民族聚集区等)。导游除了要保障旅游路线安全可靠外,还要对游客的行为加以合理控制,防止游客掉队和走散,并督促队伍的行进。

鼓舞者的职能包括促进团队沟通,提升凝聚力和士气,并在团队中创造娱乐气氛,是导游社交职能的体现。首先,导游要做好团队成员的关系管理,防止游客与游客、或游客与当地居民等发生摩擦;其次,导游可以使用幽默的语句、诙谐的举止来活跃气氛,使游客在旅游过程中保持积极的情绪和良好的精神状态。

领队角色即导游是游客、居民、旅游服务供应商等利益相关群体的中间人。导游负责将游客带到安全、愉悦的游憩环境中,同时为游客联系旅游服务供应商(如饭店、酒店等),安排相关设施和服务,有时还需要与当地居民沟通,保证当地居民对游客的友好相待。

导师角色是指导游将自身的兴趣爱好、所接受的职业培训与游客的潜在需要相结合,为游客提供准确可靠的讲解服务,从而使游客获取相关的知识。科恩(Cohen)等学者的研究,阐释了导游在旅游中的角色和职能。导游的多个角色,反映了不同利益相关者对导游的期望。与此同时,这些职责又是相互交织的。有时候,导游的职能在不同利益相关者的诉求影响下会相互冲突。游客的属性、旅游的目的,目的地的情境决定着导游在具体旅游活动中的职能和角色(表5-4)。

表 5-4 导游在旅游中的角色

导游对谁负责	导游扮演的角色	职责描述
游客	探路者 组长 导师 鼓舞者	通过解决去哪里,停留多长时间,看什么,怎么看,做什么,如何与当地人打交道等问题,来满足游客的需求和期望
目的地资源	讲解者	揭示当地环境和文化的价值与意义
当地社区	代表者	表现热情,增进理解
雇主	销售者	帮助实现经济利益最大化,传达特定信息或形象,或帮助实现其他政治目的
政府当局	公共关系代表	
自己	代理人	争取尽可能多的收入,提高自己的社会地位

资料来源:根据以往文献整理[116]

生态旅游资源的广泛性对导游的职能提出了额外的要求。生态旅游目的地，往往地形地貌复杂，如自然保护区、森林公园、湿地、岛屿等，游客对游览环境陌生，目的地管理部门不易掌控游客安全。因此生态旅游尤其需要导游带领。在生态旅游中，新奇的事物需要导游讲解释疑，困难、危险需要导游帮助解除。与此同时，生态旅游地面临生态脆弱性、环境敏感性、资源珍稀性等问题，需要通过导游来规范游客的行为责任，确保生态旅游地的可持续发展。如鼓励游客节约水电资源，不使用一次性塑料包装、一次性餐具，不购买由濒危动植物加工而成的旅游纪念品，引导游客减少过度消费，减少垃圾量，并鼓励游客将垃圾从景区带出来，选择具有环保意识的绿色饭店等。

此外，在生态旅游中，游客往往会针对一些专业性问题展开讨论，如特殊景观的科学成因、动植物的生长过程等，这就要求导游拓展知识储备，提升专业能力，全面及时地回答游客提出的问题，传播生态环保知识，丰富生态教育服务。

5.2.3 导游在生态旅游中的作用

导游在旅游活动中扮演不同的角色，以回应不同利益相关者的期望。反过来，这些角色又不可避免地影响着各方期望和利益的实现。实际上，导游的所有活动都是围绕着确定游览的地点、游览的内容、游览的方式，以及游览的时间进行的。导游的一言一行对游客如何体验目的地，如何看待当地的文化，以及游客在旅游中的行为表现都有很大的影响，影响着旅游活动对环境、文化、经济以及目的地居民的作用。因此，导游在促进旅游可持续发展方面发挥重要作用，通过促进消费，促进目的地物质和文化价值的保存和延续，改善目的地社区的福利。换句话说，导游可以通过对旅游体验的积极管理，帮助保护旅游资源，促进当地经济，为实现可持续发展目标作出贡献。

导游在游客体验管理中的作用是显而易见的。韦勒(Weiler)等人[117]、韦勒(Weiler)和戴维斯(Davis)[118]以及霍华德(Howard)、斯韦茨(Thwaites)和史密斯(Smith)[119]研究了导游在管理旅游资源方面的潜力。韦勒(Weiler)等将科恩(Cohen)的框架应用到对自然导游的研究中，确定了导游在履行其对自然环境的义务时可以也应该扮演的两种角色，以促进负责任的旅游：激励角色，以控制游客的行为和现场影响；环境讲解角色，以培养对环境问题的理解和欣赏，促进长期负责任的游客行为。韦勒（Weiler）和汉姆（Ham）[120]提出生态旅游者特别重视导游在激励环境友好行为方面的作用。

导游可以起到培养游客对目的地资源的欣赏和关怀态度的作用。霍华德（Howard）等学者在调查了澳大利亚穆塔闻特基（Mutawintji）国家公园土著导游的作用后，提出土著导游可以通过解释当代土著文化和保护当地文化价值来实现促进可持续发展的功能[119]。这项研究表明，导游不仅能控制游客进入特定的区域，而且还能控制游客获取的信息量以及与当地文化的互动过程，从而促进当地文化的适当商品化。此外，导游作为遗产诠释者，通过转变游客的刻板印象，能够改变游客对土著文化的历史观和价值观、态度和行为。虽然这项研究是为解决与土著文化旅游相关的问题，但这些发现对培训大众旅游背景下的土著和非土著导游具有重要意义，表明了导游在维护资源和文化完整性、保护社会文化资源和自然资源的连续性方面的重要作用。

导游可以起到促进当地经济发展的作用。许多地方旅游业的繁荣在很大程度上取决于导游的表现[121]，导游扮演着"关键时刻"的角色，代表着旅游公司和旅游目的地的形象，并影响入境游客的满意度以及他们的回访意愿和重购意愿。除了这些对旅游目的地和旅游业的直接贡献外，导游能够刺激旅游业对本地生产的商品和服务的需求。在旅游过程中，导游会向游客介绍当地的环境，为游客提供建议和指导，告诉他们去哪里、买什么、待多久。通过这种方式，他们能够支持目的地经济，鼓励当地人提供产品供入境游客使用，并引导游客消费这些产品[122]。所有这些都意味着导游有大量的机会帮助游客在享受愉快体验的同时，获得深入了解目的地风貌和文化的机会，协助维护旅游目的地的生态和文化资源。表5-5总结了导游在促进可持续发展方面的作用。

表5-5 导游在促进可持续发展方面的作用

职能	相关角色定位	责任和目标
体验管理 （以游客为重点）	探路者 领队 讲解者（教育者） 鼓舞者	帮助游客获得愉快和有益的体验，激发对目的地的兴趣和新的理解，促进积极的主客互动
资源管理 （以目的地为重点）	讲解者（教育者、看门人、激励者）	概括目的地的本质，培养对目的地资源的欣赏和关怀态度，调整游客行为，管理游客对目的地的影响，并鼓励长期负责的行为

(续表)

职能	相关角色定位	责任和目标
地方经济促进（以当地社区为重点）	服务商	通过鼓励消费本地产品和服务,促进本地经济发展

资料来源:根据以往文献整理[116]

5.2.4 生态旅游导游的培训和管理

当前我国从事生态旅游的导游大致有两种:一种服务于旅行社,另一种服务于生态旅游景区。服务于旅行社的导游要通过全国导游考试的资格认定;而服务于生态旅游景区的导游一般不需要通过考试,他们中大部分是当地的居民,由景区负责招聘和培训。服务于景区的导游以青年人为主,身体素质较好,能够适应生态旅游导游工作的要求,但同时也因未经过系统培训,专业水平不足。相较而言,景区导游的优势在于对当地的自然地貌、风土人情了解充分,能够担任穿越沙漠、森林探险、爬山、参与民俗节日等活动的向导。而旅行社导游的优势在于专业水平较好,服务能力强,但其知识体系局限于传统旅游活动,对生态旅游游客的服务能力不够。因此现阶段这两类导游都不具备生态旅游导游的基本素养和专业水准,在生态旅游导游培养方面我们还有很大的提升空间。

为解决以上存在的问题,首先应在培训上构建专业化的培训体系,拓展生态旅游相关的培训内容,对相关导游进行系统化的培训。培训内容不仅要涵盖传统的语言、导游基础知识、基本技能等,也需要引入生态学、林学、生物学、自然地理学等方面知识的培训。在生态旅游导游培训上,相关机构仍存在理念上的偏差,部分管理者将导游等价于向导,只需带游客观赏到相关动植物即可,忽视了对相关专业背景、专业知识的学习储备,导致导游无法回答游客提出的专业性问题。导游在生态旅游中充当着导师的角色,需要对生态原则、生态规范、生态范畴,以及可持续发展理念有深刻理解,才能有效引领旅游者成为生态旅游者。

其次,在制度上完善生态旅游导游资格认证制度。针对生态旅游导游,不仅要健全其服务认证制度和管理体系,而且要完善考核制度。对于在生态景区工作的导游,实际工作前要经过专门培训,通过考察后方能开展工作。导游认证应由地方旅游部门进行,除最基本的导游专业知识外,还要涉及生态学、林学、生物学等多种学科知识,所有考察均通过后才能获得资格证。在获取证书后,于实际工作中还需进行定期检查,确保发挥其知识科普及生态引导的作用。

5.3 生态旅游者

5.3.1 生态旅游者的概念

生态旅游者作为生态旅游活动的主体,是生态旅游发展的关键因素,也是生态旅游业的核心[123]。生态旅游者的识别以生态旅游的内涵和核心标准为依据,其概念界定的发展基本与生态旅游内涵的发展同步。因此,受限于生态旅游定义模糊,生态旅游者的概念界定也未实现统一。

国内外学术界对生态旅游者概念的定义有广义与狭义之分。广义上的生态旅游者是指到生态旅游区的所有旅游者。这类界定是对旅游者行为现象的概括,为生态旅游者的相关研究提供了统计便利性,但忽略了生态旅游者的特征和内涵[43],不能保证旅游者的生态意识、旅游动机和旅游行为等符合生态旅游的标准,无形中扩大了生态旅游市场的规模和效益。狭义上的生态旅游者是指来到生态旅游区的对环保与经济发展负有一定责任的旅游活动主体[43]。这部分旅游者对生态旅游产品和体验需求强、对个人行为负责任程度高、对环境保护和环境教育的主动性强[1]。这类界定明确区分了生态旅游者和大众旅游者,增加了统计分析的操作难度,但更符合生态旅游者的本质特征,有助于推动大众旅游者向生态旅游者转化。

整体而言,生态旅游者与传统的大众旅游者不同,他们更关注自然环保意识和生态旅游知识的学习,渴望获得深层次的文化体验和旅游经历;同时,生态旅游者也与专业的环保倡导者有所区别,他们不会将环境保护上升到自身事业的高度,进而忽略旅游的本质和目的[125]。综合已有研究,不同的生态旅游者定义仍存在两点共性:第一,生态旅游者具备生态意识和环保知识,会将其落实到生态旅游产品和服务的消费中,并主动加强自身的生态旅游行为规范;第二,生态旅游者注重与生态旅游目的地居民的交流,属于服务要求低、学习需求强、环保意识强的旅游者类型。

5.3.2 生态旅游者的识别

(一) 生态旅游者的特征

1. 生态性

生态旅游者的生态性特征体现在旅游目的地偏好、旅游动机和旅游行为三个方面。生态旅游者在选择旅游目的地的时候通常更偏好国家公园、自然保护地等生态旅游区[126]，他们秉承欣赏、享受、体验和学习自然的旅游动机，热衷于回归到自然环境中去，愿意为当地的环境保护和生态旅游作出自己的贡献[127]。旅游行为的生态性是指生态旅游者在开展食、住、行、游、购、娱等环节的旅游活动时会以自然为中心，从而减少对自然环境和文化环境的干扰，注重协调旅游与环境保护的关系[128]，追求更简单的旅游环境和更具原真性的旅游服务，在生态旅游中体验当地的自然生态和文化生态。

2. 环保性

生态旅游者的环保性是指其在开展旅游活动时自觉肩负起减少环境破坏、促进社区经济发展和自然资源可持续利用的责任。根据主观能动性和作用有效性的不同，生态旅游者的环保行为可以分为遵守型环保行为和促进型环保行为，前者是指生态旅游者在道德和制度规范约束下被动遵守生态旅游区规定的行为，后者是指生态旅游者主动采取行动保护旅游目的地资源和环境的行为[129]。生态旅游者的环保性促使他们在自然中开展可持续性的旅游活动，又将其旅游花费用于支持当地的经济社会发展和自然资源保护，有利于实现人与自然的和谐共处。

3. 特定性

生态旅游者的特定性包括游客群体的特定性和旅游活动的特定性两个方面。第一，生态旅游者群体具有高素质性和高品味性。作为对环保与经济发展负有一定责任的旅游活动主体，生态旅游者需要具备更高的身体素质、文化素质、道德素质和旅游品味，以实现促进可持续发展的目标。第二，生态旅游者参与的活动具有专业性和教育性。生态旅游者不仅具有获得放松和愉悦的需求，更注重追求深层次的旅游体验，渴望在接触自然的过程中达到教育和学习的目的。他们喜欢参与潜水、骑行、登山等需要具备专业的环保知识和生态认知的旅游活动，在这个过程中感受自然趣味，提升旅游审美，并将对自然的理解与感悟形成生态文化和价值观念传播给其他人，有效地促进环境保护和环境教育[130]。

（二）国内外生态旅游者的差异

既往研究表明，由于文化背景和生态旅游发展水平的不同，国内外生态旅游者在人口统计特征、生态认知、旅游动机和旅游行为等多方面存在显著差异（表5-6）。整体来看，由于国外的生态旅游相较于国内发展更加成熟，其生态旅游者具备更高的文化素质和更强的消费能力，这也使得国外生态旅游者在认知水平、体验需求、独立能力和责任意识等方面都比国内生态旅游者更符合生态旅游的特质和要求。

表5-6 国内外生态旅游者的特征比较

项目	角度	国内生态旅游者	国外生态旅游者
人口统计特征	性别	男性化倾向更明显	女性化倾向更明显
	年龄	以青年人为主	以中年人为主
	受教育程度	略高于大众旅游者	明显高于大众旅游者
	年均收入	相对较低	相对较高
生态认知特征	环境态度	往往以人类中心论为主	往往以环境中心论为主
	生态旅游感知	认知程度不足，参与意识较低	认知水平较高，规章制度完善
旅游动机特征	旅游动机	以缓解压力和欣赏自然为主	以求新体验和了解自然为主
旅游行为特征	同伴构成	团队形式为主	两人结伴为主
	停留时间	相对较短	相对较长
	信息渠道	旅行社、大众传媒（电视、报刊等）	依赖过往经验
	旅游产品偏好	观光型和娱乐型产品为主	探险型和运动型产品为主
	选择产品的主要影响因素	产品价格、旅行社服务水平	旅游地的安全性、文化特色和知名度

资料来源：根据以往文献整理[131-135]

（三）生态旅游者与大众旅游者的差异

1. 人口统计特征差异

从性别上看，生态旅游者与大众旅游者的性别构成均具有女性主导的趋势[136]，但同时也有部分学者的研究发现生态旅游者具有男性主导的趋势[137]，这可能与生态旅游产品的多样性有关;从年龄结构上看,生态旅游者的平均年龄低于大众旅游者,生态旅游者主要以年轻人为主体,而大众旅游者则均匀分布在各个年龄段;从收入和学历上看,生态旅游者的收入水平和学历层次一般会高于大众旅游者,由于生态旅游需要具备更高的环境责任意识和旅游消费能力,高学历的人更具有成为生态旅游者的客观条件[138]。

2. 旅游相关特征差异

生态旅游者与传统的大众旅游者不同,大众旅游者只要具备时间、金钱、动机等主客观条件便会实施旅游行为,而生态旅游者还需要有较好的环保态度和较高的道德修养[139]。此外,由于旅游目的地的经营目标和管理方式不同,生态旅游者在旅游相关特征方面也与大众旅游者存在较大差异(表5-7)。

表5-7 生态旅游者与大众旅游者的特征比较

角度	生态旅游者	大众旅游者
目的地偏好	类型单一,多为生态旅游区	类型多样,不受限制
环境态度	以生态中心主义为主,注重环境保护和环境教育	以人类中心主义为主,旅游行为负面影响较大
旅游动机	学习、体验、感受、欣赏自然	休闲娱乐、维持社交
旅游活动	与自然联系较强,如观鸟、潜水、越野、爬山等	与自然联系较弱,如探亲、观光、享受美食等
旅游行为	旅游消费主要用于环境保护等精神需求,注重文化体验和知识积累	旅游消费主要用于食宿等生理需求,注重身体放松和精神愉悦
管理倾向	自我行为约束力强,更认同间接的管理措施	自我行为约束力弱,更认同直接的管理措施

资料来源:笔者整理

(四)生态旅游者识别的方法

生态旅游者识别的方法可归纳为行为学法、自我识别法、专家判别法和数学识别法四大类[127]。随着生态旅游的不断发展以及对生态旅游认识的不断深入,学者们不再局限于使用单一方法作为判别依据,而是将行为学法作为一种基础性方法,与另外三种方法配合使用,以不断提高抽样精度。

1. 行为学法

行为学法是最早用以识别生态旅游者的一种基础方法,也是目前应用最为广泛的方法。其指导思想是,凡是在生态旅游区像生态旅游者一样活动的游客都可以被界定为生态旅游者。因此,生态旅游产品的消费者和自然环境组织的成员都属于行为学法中生态旅游者的范畴。这种方法的优点是简单、易操作,但在实际运用过程中,取样结果会因采样手法和途径的不同而显示出巨大的差异。为提高取样精度,行为学法多作为生态旅游者识别与细分的基础性方法,与其他识别方法共同使用。

2. 自我识别法

自我识别法是由回答者自己认定是否为生态旅游者的一种判别方法,通常与行为学法结合使用。在使用这种方法时,一般会首先询问受访者是否了解"生态旅游"的概念,只有当受访者作出肯定回答时才能进一步追问其他问题,使他们确认自己是否是生态旅游者。这种方法有助于深入掌握生态旅游者的画像特征,但也存在明显的缺陷:一方面,这种方法对受访者本身的素质要求较高,使得调查样本的收集难度加大;另一方面,受访者在自我识别时会受主观心理、道德规范和社会制约等多方面因素的影响,有可能作出失真的回答,从而对调查结果造成不良影响。因此,自我识别法多与其他方法结合使用。

3. 专家判别法

专家判别法是指相关专家利用自身的知识和经验设计出一系列预设指标,通过受访者对这些指标问题的回答来判别生态旅游者或对其进行类别细分。专家判别法取得较好效果的关键是指标的设计能否合理和完整地反映生态旅游者特征,这有赖于对生态旅游内涵的深入理解。专家判别法结合其他方法一起使用,往往能收到更好的效果。

4. 数学识别法

数学识别法是依据某些与生态旅游者有关的特征向量构建数学模型,由模型对生态旅游者进行识别和细分的方法。在国外生态旅游者识别研究中,常见的数学识别法主要包括聚类分析法和罗技(logit)回归分析法。而国内研究中,以行为学法为基础的数学识别法似乎更适合中国生态旅游发展的实际情况[137]。

5.3.3 生态旅游者的分类

(一) 按心理类型划分

20世纪70年代,美国学者斯坦利·帕洛格(Stanley Plog)以消费者心理学中的"人格"概念为理论基础,提出了旅游者心理类型模式,又被称为 Plog 心理类型理论。根据该理论可将生态旅游者划分为自我中心型(Psychocentric)、近自我中心型(Mid-psychocentric)、中间型(Mid-centric)、近多中心型(Mid-allocentric)、多中心型(Allocentric)五类细分市场,并指出其在数量上近似呈现正态分布[140](图 5-1),其中,处在两个极端的心理类型分别是自我中心型和多中心型。自我中心型人群的特点是思想上谨慎小心、思虑较多、缺乏冒险精神和开拓精神,行为上喜欢安逸和轻松、不主动与陌生人交往、喜欢熟悉的氛围和活动、自主决策能力弱。相反,多中心型人群在思想上开朗热情、兴趣广泛、富有冒险精神、充满自信,在行为表现上追求新奇和刺激、喜欢冒险和主动、决策能力和独立性强、热衷于探索新世界、尝试新产品、结交新朋友,这类人群是旅游大军的先头部队和开拓者。因此,旅游者心理类型越靠近多中心型,其旅游动机越强烈、旅游可能性越大。美国消费者调查结果显示,自我中心型人群和多中心型人群分别约占市场的 2.5% 和 4%,其余人群则可被归类为这两者中间的近自我中心型、中间型、近多中心型,其中,中间型的人群占比最大(近 60%)[141]。

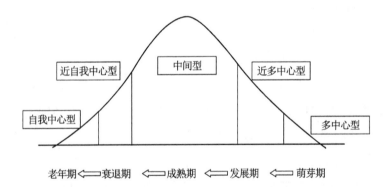

图 5-1 生态旅游者心理类型与目的地生命周期的关系

资料来源:改编自曲颖等[143]

由于各心理类型人群的人格特征不同,形成了从正态曲线的右端向左端影响的机制,即多中心型人群影响近多中心型人群,近多中心型人群影响中间型人群,以此类推直至自我中心型人群,而不会出现从左向右的逆转影响途径[142]。旅游者心理类型模式全面、系统地阐释了"旅游者心理特征—目的地兴衰变迁"的内在联动机制[143](图 5-1),揭示了旅游者心理特征对其旅游偏好和行为模式的影响,为生态旅游者的类型划分、旅游目的地定位和营销提供了理论借鉴。生态旅游区应该有针对性地开展规划和开发工作,着眼于近多中心型生态旅游者中吸引面最广阔、最有市场潜力的核心人群,促进自我中心型生态旅游者向多中心型生态旅游者的转变,通过不断提升旅游质量稳定客源市场,寻求最有力的生态旅游发展模式,延缓生态旅游目的地生命周期中衰退期的到来[144]。

(二)按新奇感和熟悉度划分

根据以色列著名旅游人类学家科恩(Erik Cohen)的旅游者划分理论,从新奇感和熟悉度出发,可将生态旅游者划分为有组织的大众旅游者(The organized mass tourist)、个体大众旅游者(The individual mass tourist)、探索者(The explorer)、漂泊者(The drifter)四类[145-146](表5-8)。

表5-8 科恩的旅游者分类

"有组织的大众旅游者" 缺乏冒险精神,通常是参加现成的旅行团,在导游的带领下浏览目的地,很少与当地的文化或人接触,这类旅游者对旅游地的熟悉度最高、新奇感最弱	"制度化的旅游" 通常由旅游业中的旅游经营者、旅行社、酒店经营者和运输经营者进行组织	熟悉感 ⇕ 新奇感
"个体大众旅游者" 与前一种旅游者类似,但具有更多的灵活性和自主选择性,其旅游活动仍然有组织,难以深入体验旅游目的地。其熟悉度较高、新奇感较弱		
"探索者" 独立组织旅游活动,希望能打破常规,但仍然要求舒适的住宿条件和可靠的交通工具。这类旅游者的熟悉度较低、新奇感较强	"非制度化的旅游" 避免了与旅游业的联系,更注重旅游体验的深度	
"漂泊者" 没有固定的行程,这类旅游者通常自费与当地居民共同生活,让自己沉浸在当地的文化中。其熟悉度最低、新奇感最强		

资料来源:改编自科恩(Cohen)[146]

(三)按旅游活动和生态意识的强度划分

澳大利亚格里菲斯大学学者韦弗(Weaver)和劳顿(Lawton)根据旅游活动和生态意识强度将生态旅游者分为"软生态旅游者"(Soft ecotourist)和"硬生态旅游者"(Hard ecotourist)[147]。硬生态旅游者的主要特征是环境责任意识强、旅游兴趣专一、旅行距离较长、组团人数较少、主动性强、追求运动和挑战、对服务要求较低、与自然交流较多、强调个人经历和自主安排;软生态旅游者的主要特征是环境责任意识较弱、旅游兴趣广泛、旅行距离较短、组团人数较多、主动性弱、追求舒适和安逸、对服务要求较高、与自然交流较少、对旅行机构依赖度较高(图5-2),其与大众旅游者的主要区别在于生态意识的强弱。然而,这两类生态旅游者之外还存在一类"结构生态旅游者"(Structured ecotourist),这类旅游者的旅游目的地及旅游活动选择倾向类似于硬生态旅游者,而其他旅游偏好和行为则与软生态旅游者相近[148],结构生态旅游者和软生态旅游者是生态旅游者的主要群体[149]。但硬生态旅游者和软生态旅游者的性质不是固定不变的,同一个体会受到主观因素和旅游环境的影响而实现硬生态旅游者和软生态旅游者的转换[150]。

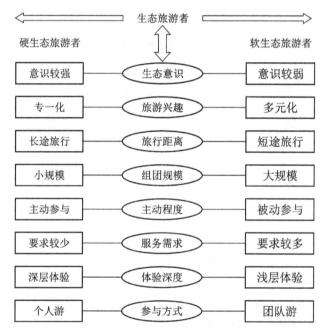

图 5-2　硬生态旅游者和软生态旅游者的特征对比

资料来源:改编自韦弗等(Weaver et al)[147]

5.3.4　生态旅游者的培养

一名合格的生态旅游者既需要具备时间、金钱、社会、身体、动机等主客观条件,还需要对其进行教育和引导,普及自然与文化知识、生态意识、环保知识、生态旅游行为规范等生态旅游基础知识,使其从形成生态环保意识到产生生态旅游行为的全过程均符合生态旅游的标准和要求[151]。

(一) 培养的意义

1. 生态意义:旅游业发展可持续化

生态旅游除了强调在自然环境中开展旅游活动,更强调在获取旅游效益的同时兼顾生态环境的原真性和完整性,采取措施减少旅游活动对生态环境和社区环境的负面影响。作为实现旅游可持续发展的最佳模式之一,生态旅游不仅需要各级政府、景区管理者、旅游规划者从战略高度守护生态旅游区的底线,秉承生态学思想和可持续发展理念来规划和开发旅游目的地,更需要提升旅游者的生态意识和环保理念,促使其懂得保护生态旅游的资源环境基础,获得深层次、高质量的旅游体验和友好、可持续的生态效益,最终形成多主体助推生态旅游可持续发展的联合效应,实现旅游的代内公平和代际公平。

2. 经济意义:生态旅游市场规模化

生态旅游是一种特殊的旅游方式,尚未成为一种大众化旅游产品,市场份额占比较小。由于生态旅游对生态旅游者具有较高的要求,因此在短期内无法代替大众旅游,需要通过教育培养来维持已有的生态旅游市场,并逐步渗透到大众旅游之中,形成具有规模效应的客源群体。在培养过程中,生态旅游者的环境意识和旅游兴趣不断增强,其重游意愿和推荐意愿也愈加强烈,无形之中将会扩大生态旅游的市场规模,为旅游地带来经济效益的同时,也将促进社区基础设施建设和提升当地居民的生活水平。

3. 社会意义:环境责任意识全民化

随着人类文明进步和城市化进程加快,人们回归自然、亲近自然的需求逐渐旺盛。作为人与自然互动的主要途径之一,生态旅游受到广大游客的青睐,但也不可避免地加剧了环境压力,因此,平衡旅游发展和环境保护之间的关系成为全社会的课题。培养生态旅游者有利于向社会普及生态学思想、生态系统规律、生态保护常识和生态旅游知识,从而增强全民的环境责任意识,引导人们形成可持续的环境伦理观和旅游动机,最终达到最佳的社会效益。

(二) 培养的途径

1. 践行生态旅游者行为规范

从旅游者层面,旅游者应通过自我教育增强生态意识、获得环保技能、规范自我行为,这是培养生态旅游者最直接的途径。生态旅游者行为规范作为环境伦理和生态文明的载体,是评价旅游者价值观念、环境态度和旅游行为等各个方面是否符合生态旅游者要求的标准,旅游者应该将其贯穿到参与生态旅游的全过程中。在意识上,可以通过阅读书籍、浏览新闻、观看节目等方式学习相关知识,了解生态旅游者的特征和要求,为参与生态旅游提供知识储备和身心准备。在实践上,可以在旅游过程中充分发挥生态旅游的旅游休闲功能、生态保育功能、旅游扶贫功能和文化体验功能,积极参与"世界环境日"、义务植树节、观鸟旅游等活动,将理论学习转变为生态旅游的实践[152]。

2. 完善生态教育基础设施

从管理者层面来看,生态旅游景区的引导是生态旅游者培养中的重要一环,管理者应该做好管理和规划,完善景区生态教育的基础设施建设,促成旅游者的环境责任意识和生态旅游行为。一方面,可以建立周密的生态景观解说系统,包括游客中心等静态解说系统和导游人员等动态解说系统[153],帮助旅游者欣赏生态旅游产品的表层美感和体会生态旅游产品的深层内涵。另一方面,利用多种媒体对旅游者进行环境保护教育。例如在门票、导游图上印制生态知识和注意事项,通过制度的完善约束旅游者行为,大力倡导文明旅游。

3. 加强生态旅游社会教育

从社会层面来看,我国目前对生态旅游者的教育滞后于生态旅游的发展,出现了急功近利的开发问题、忽视整体的管理问题和缺乏创新的宣传问题,使得生态旅游资源遭到破坏、生态环境质量不断降低。在生态文明建设的大背景下,从社会层面加强旅游者的生态教育、生态体验和生态认知便显得愈发重要和紧迫[154]。第一,要推动教育主体多元化,引导学校、旅游从业者、社区居民、旅游协会等多方主体参与生态旅游教育并形成良好的互动机制;第二,要实现教育内容系统化,社会层面的生态旅游教育相较于其他层面应该更加全面和系统,要将心理学、教育学、生态学、伦理学等多个学科有机结合,夯实理论基础;第三,要促进教育方式多样化,可以通过书本形式、媒体形式、实践形式普及生态旅游知识,培育潜在的生态旅游者[155]。

4. 完善生态旅游相关政策

从政府层面来看,对生态旅游的支持程度和政策扶持在生态旅游者培养中具有关键性的作用,政府有责任和义务在生态旅游发展过程中充当好保护自然生态环境、促进旅游经济发展的角色。比如,相关部门应该制定和落实相应的法律法规和旅游指南,规范生态旅游者、生态旅游区、社区居民等多方主体的行为。此外,政府应该出台相应政策,扶持高品质的生态旅游项目,培养专业的生态旅游从业人员,提升旅游产品和服务的质量,刺激旅游者的生态旅游意愿。

5.4 社区居民

5.4.1 生态旅游社区参与的内涵

(一) 生态旅游社区参与相关概念内涵

"社区"的概念最早是由德国社会学家腾尼斯(Ferdinand Tonnies)提出的。在《社区与社会》一书中,他将社区描述为传统乡村地域的代表,是由同质人口组成的、守望相助、关系亲密的社会团体[156]。美国社会学家帕克(Rorbert Ezra Park)是第一位对社区给出学术定义的学者,他将社区定义为有着相同价值取向以及较强的人口同质性的社会共同体[156]。20世纪30年代,费孝通等将社区的概念引入国内。截至目前,学界对社区的定义尚未达成统一。学者们从社会群体、地理区划、归属感、生活方式等多种角度对社区进行界定。一般认为,社区是"聚居在一定的地域范围内,受一定的组织约束,具有某种互动关系并有着共同文化维系力的人群的社会共同体"[157]。尽管学者们对社区概念的阐释有所不同,但基本都围绕社区的五个要素展开:(1)人口要素:社区由一定数量、构成与分布的人口组成;(2)地域要素:社区有一定的地域范围;(3)组织要素:社区有制度和组织管理系统;(4)文化要素:社区有长期形成的特有的文化与生活方式;(5)情感要素:社区成员间有共同的认同感与归属感[157]。

随着社区理论和旅游理论的发展,"旅游社区"应运而生。目前学界对"旅游社区"尚未形成清晰的界定。但是"旅游社区"的特征,一般认为应包涵以下几点:第一,旅游社区内的成员并非全部从事旅游活动,部分社区居民并未主动参与旅游活动,但客观上受到了社区内开展的旅游活动带来的影响;第二,旅游区与旅游社区的形成并不存在先后关系[157]。旅游社区的形成是由于社区因其自然或人文旅游资源禀赋而成为旅游目的地后,社区居民主动参与旅游并从事生产和服务活动,或客观受到旅游开发的影响。因此,旅游社区是聚居在一定地域范围内,凭借当地的自然与人文旅游资源,主动或被动参与旅游业发展的人群所组成的社会生活共同体。一个完整的旅游社区应包含四个基本条件:(1)结构齐全、功能完备;(2)具有旅游吸引力;(3)有完善的旅游服务配套设施;(4)有旅游接待能力[158]。

1969年联合国大会在《社会进步与发展宣言》中指出公民参与是社会发展进程中不可或缺的力量,并在此后的《广泛参与作为一种战略推动社区层面的行动和国家的发展》中详尽地对社区参与进行了描述。20世纪90年代中期以后,学者们对社区参与的研究日益深入。如吕星提出社区参与是发展理论的重要思想组成部分,发展的受益者应当拥有决策权、利益分配权;郭瑞香等认为社区参与的核心是赋权和机会均等,目的是培育居民的主人翁意识、建立公正的管理机制与伙伴关系;曾艳认为社区参与的核心在于赋权和获取收益[156]。

墨菲(Murphy)于1985年发布的著作《旅游:一种社区方法》[159]中第一次将社区的概念引入旅游领域。自此,许多学者开始从社区的角度研究旅游,并对社区参与旅游进行界定(表5-9)。

表5-9 社区参与旅游的系列定义

学者	定义内容
塞尼(Cernea)	社区参与是旅游目的地居民主动管理当地旅游资源、制定相关政策并控制旅游活动的开展。
布兰登(Brandon)	社区参与旅游是社区居民由原来的被动参与转变为主动参与,并且受益于旅游而不是受制于旅游。
刘纬华	社区参与旅游是将社区视为旅游活动的主体,并积极主动地参与旅游规划、开发等事宜的决策、执行体系,这种模式是旅游业可持续发展的重要形式与评判依据。
胡志毅	社区参与生态旅游是社区居民全面、主动、自觉地参与旅游活动,社区居民是旅游活动的主体。
保继刚	社区参与旅游是指社区居民全面参与旅游开发、规划、决策、管理、实施等活动,广泛听取社区居民意见,让居民成为旅游活动的主体,以推动旅游业可持续发展。

资料来源:根据以往文献整理[159]

此外,墨菲指出社区参与生态旅游是将旅游发展与社区发展、生态环境保护三者紧密结合起来,共同保护旅游资源并推动社区经济发展[158]。刘俊清则进一步强调了社区的主动参与,他指出旅游目的地社区居民应积极主动地参与到生态旅游的开发、规划、决策中来,并从中获得经济利益与精神满足,同时积极保护当地资源以维持生态平衡,使得旅游经济效益、生态效益与社会效益协调一致,促进生态旅游可持续发展[158]。为了促进社区对生态旅游的参与,基于社区的生态旅游(Community-based Ecotourism,CBET)应运而生。CBET的特征主要体现为社区拥有、社区受益、生态可持续、小规模、低影响,以及解说原真性[159]。CBET被认为更接近生态旅游的本质,能够最大限度地保护当地自然资源与传统文化,促进社区经济、文化、社会、环境等多维度的可持续发展。

(二) 生态旅游社区参与的类型和层次

根据参与主体的意愿、参与领域、参与主体组织形式、参与渠道的制度化水平以及参与的接触形式等不同的划分标准,生态旅游社区参与的类型也多种多样(表5-10)。

表5-10 生态旅游社区参与类型

分类指标	参与类型	涵义
参与主体的意愿	吸纳型参与	社区居民经由政治系统纳入参与范围,是被动型参与,又分为服从性和强制性两种
	自主型参与	主体具有明确意图和积极行动,是主动型参与,又分为信念型和分配型两种
参与领域	经济参与	社区及居民参与生态旅游经营活动主要为社区带来经济效益,所获得的收入在社区很多家庭间共享,且收入能带来很多可以看得见的改善
	政治参与	社区居民拥有对生态旅游发展的建议权,社区中的政治机构能够不辱使命地代表居民来行使权利
	社区参与	社区居民共同参与生态旅游开发与经营,并共享成果,共同营造良好的生态环境和社会环境,并将自己收益的一部分用来建设社区,增强社区居民的凝聚力,对保持与平衡当地良好的生态环境起到推动作用
	心理参与	通过上述三项参与方式能够极大地提高社区居民的自尊、自强与成就感,提高社区成员的社会地位、生活水平与质量。因此,社区居民会以积极的态度和行为去建设生态旅游,保护生态环境
参与主体组织形式	组织参与	社区居民通过一些组织经常参与到社区管理,比如:居民代表大会、居委会、志愿者协会等
	非组织参与	社区居民不通过任何组织形式自发地参与社区管理与事务中来

(续表)

分类指标	参与类型	涵义
参与渠道的制度化水平	制度化参与	在制度约束的框架内参与社区管理,推动社区旅游的发展
	非制度化参与	参与行为不受制度约束,随意性大,易造成盲目性,持久性低
参与的接触形式	直接参与	社区居民以各种方式直接参与生态旅游,比如:提供食宿、交通、旅游商品售卖、导游服务等,并从中获利
	间接参与	不直接参与生态旅游的开发与规划,但为其提供间接的支持

资料来源:根据以往文献整理[158]

不同层次和类型的社区参与,其参与程度有所不同。阿恩斯坦(Sherry Arnstein)在长期研究多国社会参与演进状况之后提出了"公民参与阶梯论"(Ladder of Citizen Participation)[160],将社区参与的程度划分为假参与、表面参与、高层次的表面参与和深度参与四种类型[161](表5-11)。普雷蒂(Pretty)则将社区参与划分为七个层次:象征式参与、被动式参与、咨询式参与、因物质激励而参与、功能性参与、交互式参与、自我激励式参与[162]。

表5-11 社区参与的阶梯

参与类型	含义	参与程度
操纵(manipulation)	操纵、训导都旨在"治愈"或"教育"公民,往往通过运用公共关系的技术,最终达到使公民放弃实际权力的目的	假参与
训导(therapy)		
通知(informing)	可能是恰当参与的第一步,但其往往只是单向过程,并未真正反馈至掌握权力的人	表面参与
咨询(consultation)	发现人们的需要,并向其表达关切的重要尝试,但往往只是假装倾听的仪式性过程	
安抚/展示(placation)	给予人们表达意见的机会,但并未赋予他们实际权力	高层次表面参与
伙伴关系/合作(partnership)	通过协商和联合承担责任的方式,重新分配权力	深度参与
授权(delegated power)	赋予公民决策和问责的权力	
公众控制(citizen control)	赋予公民完全决定、控制执行资金的权力和责任	

资料来源:改编自蔡定剑[163]

社区参与是生态旅游的重要内容,是实现生态旅游可持续发展要义的重要途径。自主型、组织化、制度化的全领域社区参与可以最大程度上激发社区的内生活力,使生态旅游真正沿着生态可持续的道路发展。因此,立足于社区进行生态旅游目的地的建设与管理,引导社区规范、深度参与目的地生态旅游开发的全过程,充分保障社区的利益,对于谋求生态旅游与社区的协同可持续发展具有重要作用。

5.4.2 生态旅游对社区的影响

(一) 经济影响

1. 增加居民收入

旅游业具有较强的综合性、带动性,除了能提供餐饮、服务等直接就业机会,还能相应带动建筑、轻工食品、农业、制造业等关联性产业的发展,提供间接的就业机会。就业和收入是社区从生态旅游中获取的最直接和最重要的经济收益[164]。为改善生活水平,提升生活质量,许多社区居民踊跃参与到为游客提供导游服务、餐饮服务、接待服务、交通服务以及售卖旅游纪念品等活动中。

2. 优化产业体系

生态旅游除吸纳社区居民就业,增加居民工资性收入外,还带动一系列相关产业发展以更好地为旅游企业提供服务,从而促进当地产业体系的发展和调整(尤其是服务业、手工业和农业)。

3. 改变收益分配格局

由于社区在生态旅游开发中参与资本、话语权等方面的弱势,生态旅游的经济收益在社区与外部主体之间、社区内部成员之间都存在分配不均衡的问题,如收益漏损和社区精英对收益分配的主导[164]。收益漏损主要表现在外来旅游开发企业主导生态旅游收益分配、旅游商品的进口成本、支付外部区域引入的高素质劳动力的工资、由旅游示范效应导致的社区居民增加对进口商品的消费等[165],社区从生态旅游开发中的获益微乎其微。在社区内部的收益分配上,生态旅游的收益并未由社区成员公平分享,首先大部分收益往往都流向掌握资本最多的社区精英群体,其次居住地离旅游核心区域的距离对居民的收入增长水平具有重要影响。相较于居住地远离旅游核心区域的居民,居住在旅游核心区周边的社区居民往往能更直接、便利地参与生态旅游经营活动,从而更大程度地受益于生态旅游开发[165]。

(二) 社会影响

1. 示范效应显著

游客以其自身的意识形态和生活方式介入旅游地社会中,对旅游地居民的思想变化产生影响,这种作用称为示范效应(Demonstration Effect)。对于大多数处于发展中的生态旅游社区,示范效应可以提升社区居民的素质。居民通过模仿和学习,其服务意识、卫生习惯甚至语言文化水平都可以得到提高。在社区居民中,年轻人最容易受到示范效应的影响。他们努力向游客所拥有的物质生活条件靠拢,然而游客在旅游情境下的消费有时候也是一种失真的高消费,但社区的年轻人却深受这一失真现象的影响[162]。

2. 居民素质提升

为保证服务质量,旅游从业人员需要具备较高的服务技能和市场知识。然而,这些技能和知识往往是社区居民所不具备的。生态旅游为社区居民提供了学习的机会与平台,参与旅游的居民通过技能培训、领导力培训、"干中学"、自主学习等多种方式提升能力,自身素质与技能一般会得到明显提升。同时,参与旅游的收入还会用于社区教育设施的改进以及家庭成员的教育投资,极大推动了社区居民的能力建设。

3. 社会增权和公共设施影响

社会增权一般表现为当地社区内部的和谐以及凝聚力的增强,旅游收益被用于社区发展,如改善当地供水供电等基础设施建设[166]。生态旅游的开发保障了当地社区弱势群体的权利,使妇女、老人等弱势群体得以参与食宿、导游、手工艺纪念品等旅游经营活动中,获得增加收入的机会,提升了他们的经济地位,增强了他们的自我价值感知。并且生态旅游开发的需要刺激了社区进行公共设施建设,提升当地的旅游接待能力,而生态旅游的收益也为当地进一步改善社区公共设施提供了资金保障。

(三) 文化影响

1. 促进传统文化的传承

生态旅游开发可以促进传统文化的复兴。慕名而来的游客使得当地社区居民意识到本地文化的独特性,开始欣赏他们的原生文化和生态资源,增强居民的文化自信,使他们自觉地投入到传统文化的保护与传承中。并且生态旅游的开发也使手工艺纪念品的生产如火如荼地进行,当地的传统手工技艺在这一过程中得以充分发展并焕发生机。

2. 扩大社区与外界的语言、文化交流

生态旅游的开发使得无数游客纷至沓来,社区与外界的交往与日俱增,极大地促进了社区与外界的语言、文化交流,并消除了一些民族、地域偏见,增进了社会成员间的相互理解。这种交流不可避免地会引起本地文化的适应性变化[170],甚至可能导致当地传统文化的衰微与变质。

(四) 环境影响

生态旅游的开发对社区的自然环境、人文环境都会造成一定影响。当利用强度超过当地生态系统的负荷时,即便是选择步行方式的游客,都会造成当地土壤营养程度降低、植被退化、生物多样性减少[162]。同时,若社区居民未能从生态旅游的开发中获益,他们对生态保护的态度就会比较冷淡。因此,若旅游地借助当地的生态资源禀赋开展旅游经营活动,获得了丰厚的经济利益,而当地居民不仅被排斥在收益分配之外,还需要被迫支付不能使用旅游地资源的"机会成本",就会导致社区居民与旅游开发商之间的对立,社区居民会加大对当地自然资源的掠夺力度,造成当地资源的严重破坏[167]。就社区的人文环境而言,大量游客涌入生态旅游目的地及目的地所在的社区,除了对当地的基础设施造成接待压力之外,出于满足接待游客的需要而建设的各种设施与当地传统的建筑风格、体量、色彩、环境等并不协调,也造成了建筑污染[162]。

5.4.3 生态旅游社区参与现状

(一) 发展中国家

1. 政府参与管理,政府和旅游企业联合主导

发展中国家的社区力量薄弱,社区居民参与生态旅游建设的事务往往由政府和旅游企业联合主导。政府决定了当地的生态旅游由谁开发,企业则在得到开发许可后,决定具体进行何种形式的开发,社区居民对此没有决策权。除此之外,政府还参与经营管理、收益分配等环节。

2. 从旅游开发优先到环境保护与旅游开发并重

发展中国家生态旅游开发最开始往往具有强烈的经济导向,追求生态旅游开发所带来的就业机会,促进当地经济发展等经济利益,因此大多数生态旅游社区在享受旅游开发的红利不久后,便出现了原始生态环境遭受巨大破坏的局面。鉴于环境破坏对旅游开发所造成的威胁，人们开始逐渐重视环境保护与治理。

3. 居民参与的广度、深度以及规范性不足

发展中国家社区参与普遍以个别参与为主，主要是以家庭和个体为单位个别地、自发地参与其中，组织形式比较松散。同时社区居民参与生态旅游的开发缺乏相应的法律、法规和制度作为支撑，居民的参与权未能得到充分保障，导致居民虽在监督、管理等环节中享有一定参与权力，但在决策、利益分配等环节中几乎处于缺位状态。大多数社区居民都是被动地参与到生态旅游的开发与保护中，其积极性不高。

4. 以经济参与为主

发展中国家的生态旅游区经常处于多头管理的局面，条块分割严重、隶属关系复杂，社区居民的知情权、选择权和决策权未能得到有效保障，导致居民参与旅游活动的积极性不高。就现阶段而言，居民参与旅游活动的最直接目的仍然是获得经济利益，提高自己的生活水平和质量。参与方式主要是个体经营，在旅游旺季时为游客提供导游、餐饮、住宿、交通等相关服务。这类活动投入资金较少、见效快、收益高，因此社区居民参与热情较高。但由于缺乏组织和规范，商品质量、服务质量等良莠不齐，游客投诉频发，影响生态旅游区口碑。

案例导读

九寨沟社区参与实践

九寨沟自然保护区位于四川省阿坝州，是一个具有国际意义的自然保护区。1978年、1982年九寨沟先后被列为国家级自然保护区和国家级风景区。1992年九寨沟被列入世界自然遗产名录，并于1995年加入世界人与生物圈保护区计划。自1984年对外开放以来，九寨沟旅游活动便开展得如火如荼。

自1984年九寨沟自然保护区开始开展旅游活动以来，周边社区的生态旅游参与活动主要经历了以下4个阶段（表5-12）。

表5-12 九寨沟社区参与旅游阶段模式

时间	阶段	政府管理政策	社区生计策略
1984年以前	无参与阶段		畜牧、耕作、传统手工艺

(续表)

时间	阶段	政府管理政策	社区生计策略
1984—1991年	居民自发性地组织入股经营阶段	退耕还林、禁养牲畜的保护性政策	一大批居民自发性经营家庭旅馆和餐馆,导致经营活动陷入无序状态;九寨之一的树正寨10户居民率先采取床位入股的方式创立树正公司,统一经营家庭旅馆和餐馆,开创了保护区旅游股份制经营的先例
1992—1998年	政府部门与居民联合经营第一期	1992年九寨沟管理局转变为自收自支的事业单位,并成立了九寨沟旅游股份公司,以股份制的方式参与	居民以股份制方式和九寨沟旅游股份公司联合经营;年底,公司按照旅馆床位数量获得住宿收益分配;餐馆经营由村寨下设的分公司管理,居民经营的餐馆收益大部分归居民
1999—2003年	家庭旅馆停止后的过渡期	强制关闭九寨沟内所有家庭旅馆,实行"沟内游,沟外住"的政策;区内所有餐馆由管理局统一管理	居民获取基本生活保障费;经营餐馆的居民仍以股份分红的方式获得收益
2004年至今	政府部门与居民联合经营第二期(旅游经营由以居民为主体转变为以九寨沟管理局为主)	九寨沟联合经营有限公司在股份制的基础上,加设董事会、监事会,规范并保障该管理形式在全保护区范围内实行;九寨沟管理局和保护区内居民均以资金入股,管理局占51%股份	所有居民占49%股份,通过股份分红获取收益;收益按照居民占77%,管理局占23%的方式进行分配

资料来源:改编自张琼锐[167]

目前,九寨沟自然保护区内社区参与生态旅游的模式处于政府部门与居民联合经营第二期。这种模式一方面保证了自然保护区内生态旅游活动的经营控制权掌握在管理部门手上,减少了无序经营,维持了旅游经营秩序,并保护了沟内生态环境,另一方面也保证了社区所有居民能够公平地参与生态旅游收益分配,维护社区的和谐氛围,协调各方利益。

(二) 发达国家

1. 政府宏观调控,非政府组织统一管理

社区有序参与生态旅游的建设离不开政府在其中的规范、协调等作用,但政府普遍地仅作为协助者而非主导者。在这些国家中,往往是由非政府组织对生态旅游开发进行统一管理和具体操作,对社区参与生态旅游发挥了较大

作用。而政府的作用则更多体现在制定政策法规、培养规划人才等方面,对社区参与生态旅游发展的具体运作不过多干涉,也不参与收益分配[156]。

2. 旅游建设与社区环境协调发展

发达国家生态旅游从开发之初就注重环境的保护,强调在保护环境的基础上进行可持续性旅游开发,因此社区生态得到良好保护,旅游资源也得以完整保存,维护了生态旅游的长期可持续发展。而生态旅游的发展也使社区能够具有一定的经济实力来保护生态环境。因此,旅游建设与社区环境两者相互促进,处于良性循环状态。

3. 居民广泛、深度、有序参与

发达国家社区参与程度高。居民对发展生态旅游的利弊、自身在旅游发展中的地位与作用、保护环境的意义等都有较为深刻的认识,处于主动参与的状态。且社区参与贯穿生态旅游开发的决策、培训、实施、管理、利益分配的全过程。发达国家在生态旅游的建设中普遍形成了较为完善的社区参与管理及运行机制,包括参与决策体系、监督管理体系、利益分配体系和利益保障体系等。

5.4.4 生态旅游社区参与的影响因素

(一)外部环境因素

1. 宏观因素

(1)民主化进程

中国正处于由传统社会向现代社会的转型期,尽管一系列旨在推动民主政治建设的措施已经实施,但公民的民主意识仍未完全确立。民主化过程是一个政府和民众必须同时学习、不断改进的过程。在社区参与生态旅游方面,大部分社区几乎还处在"非参与的参与"阶段[163]。

(2)机制不健全

社区参与的机制不健全,参与渠道不畅通。社区参与旅游发展的机制主要包括社区参与旅游发展的保障机制、合理的利益分配机制、反映民意的咨询机制与提升居民参与能力的培训机制[168]。居民参与生态旅游开发很大程度上取决于政府部门、旅游开发商的意愿,若缺乏完善配套的社区参与机制,居民参与便缺乏体制保障。而在生态旅游开发的利益分配环节中,社区更是有可能完全缺席,居民的利益因此无法得到保证。

(3) 土地所有制

生态旅游目的地在开发过程中都不可避免地涉及土地所有权的问题。在我国,土地属于国家与集体所有,社区居民只拥有土地的使用权。因此,社区内的土地被征用作生态旅游开发时,居民只能接受政府的征用条件,无权拒绝。在土地问题上,政府拥有绝对的决策权和主导权,属于集体的土地只要经过集体代理人的同意就可以签订合同,而旅游开发商只要获得政府的许可,就可以拥有对土地的经营权[170]。

(4) NGO 和 NPO 等民间组织力量薄弱

西方国家的非政府组织(Non-Governmental Organization,NGO)、非营利组织(Non-Profit Organization,NPO)等民间组织的力量较为强大,形成了大民间、小政府的格局。而中国社会的传统向来是强政府、弱民间,相较于权利集中的政府部门与规模庞大的私人部门,NGO、NPO 等公共部门的力量十分薄弱。中国的 NGO 等民间组织仍处于发展初期,面临着从官方或半官方的身份转型成为真正民间组织的过程,这不仅需要民间力量积极推动自我发展,也需要政府的制度支持。

2. 社区因素

(1) 社区经济、产业结构

经济较为落后的地区,其生产方式如砍伐、放牧、狩猎等,对资源的依赖性强。生态旅游的开发则会限制这种原始的资源利用方式,将加剧保护与发展的矛盾。为了短期的物质生活保障,部分居民选择开山采石、砍伐树木等破坏性行为,而无视生态旅游的本质要求——保护自然和人文生态旅游资源。盲目追求短期利益最终致使生态旅游开发走上了非生态道路[169]。

(2) 旅游发展阶段

中国正处于生态旅游的发展阶段,大部分生态旅游目的地处于老少边穷地区,经济驱动便成为了生态旅游开发的根本动力。在那些缺乏支柱性产业的地区,政府鼓励社区居民参与生态旅游的经营活动,提升收入水平。这种中国式旅游发展模式与关注社区权利及其发展的西方旅游发展模式存在很大差异[170]。

(二) 居民自身因素

1. 居民的民主权利意识及自我组织程度

受传统文化中官本位和崇尚权威等思想的影响,当前我国居民的民主参与意识仍有待提高。社区群众习惯于接受自上而下的决策过程,遵从个人服从集体的集权式管理模式[169]。大部分社区居民认为政府在生态旅游开发、规划等决策过程中占主导地位,对自身在生态旅游开发中的地位和作用认识不足。

2. 居民受教育水平

受教育水平在很大程度上影响了社区居民的参与能力。生态旅游的开展要求当地居民具有基本的生态环境知识和一定的旅游服务能力。而大部分生态旅游地区则是经济落后,教育不发达,居民的受教育水平有限。首先,教育水平的影响表现在居民对生态旅游缺乏足够的认识,未能充分意识到当地的自然和人文生态旅游资源才是其生态旅游开发得以维系的根本。一些生态旅游社区甚至出现了将宗教祭祀活动变成随时随地开展的商业演出,以及为了迎合游客需求改变原汁原味的传统文化的短视行为[171];其次,有限的文化素质也限制了社区居民深度参与生态旅游开发的过程。大部分居民仅能通过旅游就业获取工资收益,很少参与其他方面的收益分配。加之大量居民主要从事专业技术含量较低的工作,报酬丰厚的管理性、专业性工作基本由外来人口掌握。

3. 居民对社区旅游影响的感知

社区居民对旅游影响的感知受社区的经济、社会、环境资源现状、旅游区的发展程度、社区居民的人口特征、对旅游地的依赖程度、旅游者的数量、类型等诸多要素的影响。生态旅游地社区居民的支持是生态性指标构造要素之一,而社区居民对旅游影响的感知最终会对居民的生态旅游参与行为产生重要作用。社区居民会从感性和理性的角度去权衡旅游开发带给他们的影响。通过对比分析和自我感知,比如经济收入是否增加、环境和社区文化是否变得更好、社区风气是否得到改善等形成对生态旅游开发的价值判断。不同的价值判断会相应地影响参与行为,如果居民觉得正面效应更加显著,他们会支持和拥护生态旅游的发展;反之,居民会对生态旅游开发产生抵触情绪,引发不利于生态旅游发展的行为和举措[172]。

4. 地方依恋

地方依恋是指居民与社区相互作用下产生的一种积极的情感联系,使居民产生对社区的认同感、归属感以及其他层面的情感,这种情感联系会促进社区的持续发展。在旅游社区,地方依恋是指社区居民因功能性需求或者情感性需求得到满足之后产生的一种依恋现象。地方依恋对于旅游社区居民参与旅游教育培训、旅游决策、环境保护以及利益分享等行为具有显著的正向影响[172]。

5.4.5 生态旅游社区参与的意义

(一) 社区参与是实现旅游扶贫的有效途径

生态旅游区大多位于交通不便、经济落后的偏远地区,社区居民普遍不富裕。鼓励社区居民参与生态旅游建设,增进居民对生态旅游开发的了解,让社区参与旅游运营、利益分配,能扩大居民就业,提升居民收入水平。旅游业带动性、综合性强,能够促进当地产业结构、就业结构优化升级,减少居民对砍伐、打猎等传统资源利用方式的依赖,缓解当地居民资源利用需求与生态保护之间的矛盾,促进当地可持续发展。比如,让社区居民从事食宿、导游、旅游商品经营等项目,能够起到开阔视野、增长知识的作用,有利于社区经济、人文等环境的改善[166]。

(二) 有利于保护当地独特的文化遗产

生态旅游区由于位置偏远,受现代文明的冲击较少,原生态的文化景观,如舞蹈、艺术、音乐、生产生活方式、建筑风格等保存得较为完好,且民风纯朴,这些原汁原味的资源恰恰是最具旅游吸引力的。生态旅游开发前,当地的文化遗产内涵往往未能得到充分的诠释与挖掘,其经济价值与艺术价值无法彰显,造成资源的浪费。而生态旅游提供了文化资源与旅游产业的融合发展路径,构建了独具特色的生态旅游产品体系。社区居民通过生态旅游融入旅游产业的开发与经营中,提升了主人翁的责任感和保护当地文化遗产的使命感,促进了当地传统文化的保护与传承。

(三) 有利于提升当地居民的环境保护意识

生态旅游发展的核心理念是保护环境,促进旅游业可持续发展。社区居民全面参与生态旅游的开发,既能够增强社区居民对生态旅游地的归属感和使命感,又能够提升居民对环境问题的认知和责任意识,使居民充分意识到环境保护与切身利益的紧密联系,统一了责任与权利,激励居民自觉保护环境、抵制污染、推动社区环境的可持续发展。

(四) 有利于打造更为真实的旅游体验

社区居民是与当地历史、文化资源关系最为密切的群体[156]，他们在日常的生产、生活过程中传承、诠释着当地所独有的原生态文化，鼓励当地社区积极参与生态旅游开发，有助于游客观赏、体会原生环境下的活态文化，打造更为真实的旅游体验，构建独特的旅游形象，渲染原汁原味的文化氛围。

(五) 有利于社区公共环境的改善

为了有效地参与生态旅游的开发，原本分散的社区居民将会自觉地组织起来形成有管理能力和决策能力的组织机构。这不仅增强了社区的凝聚力和团结意识，还提升了与政府、企业谈判的能力[170]，能够更好地为社区争取利益，所获得的收益还能用于道路、供水供电系统、卫生健康等公共设施的建设，提升社区居民的生活质量。

5.4.6 生态旅游社区参与体系构建

(一) 构建社区参与生态旅游模式的基本思路

构建社区参与生态旅游的模式需同时将社区的发展与保护生态环境纳入考量，促进旅游地生态建设与社区建设相统一。通过鼓励社区参与，协调社区内外资源，解决生态旅游开发中的问题，提升居民的物质、精神生活水平，促进生态旅游目的地社区的全面协调发展。但同时，社区是一个具有极强依赖性的系统，它与所处的环境、经济和社会系统相互作用[173]。因此，生态旅游目的地社区的可持续发展需要与更宏观层面的区域可持续发展相结合，在促进社区发展的同时，不对周边区域的环境、经济和社会系统造成破坏，最终实现保护环境的根本目的。基于上述指导思想，生态旅游社区参与模式的构建需秉承以下原则：

1. 互利多赢原则

生态旅游者、政府部门、生态旅游目的地社区和生态旅游企业是参与生态旅游发展的主要利益相关群体。其中，生态旅游者的活动直接影响旅游地环境资源的保护状态与居民的生活水平；政府部门在生态旅游发展过程中起着主导、监督管理、协调的作用；社区的发展为生态旅游者和企业提供了旅游活动的内容和空间；而无论生态旅游企业来自社区内部还是外部，都为居民提供了就业渠道。四个主体凭借生态旅游活动而紧密联系在一起，社区在参与过程中要协调好彼此间的关系,保障社区的利益,同时为旅游者提供真实、丰富的旅游体验,提升旅游企业的盈利水平以及政府税收,实现利益相关群体的互利共赢。

2. 全面参与原则

生态旅游业不仅涉及旅游部门,还涉及社区的各个方面,既包括直接与旅游活动相关的食、住、行、游、娱、购等旅游产业,也包括为当地社区服务的供水供电系统、交通通讯系统等基础设施。可以说生态旅游实际上是社区建设的系统过程。在生态旅游的开发过程中,社区需要全面参与决策、规划、经营、培训、利益分配等环节,充分反映社区居民的意愿。

3. 注重过程、以人为本的原则

生态旅游的发展是一个宽泛的范畴。就宏观层面而言,有旅游战略、开发规划等纲领性内容;微观层面而言,有旅游产品策划、旅游市场营销等实施细节。就时间上讲,有旅游发展各要素的时序安排等;空间上讲,有旅游发展的区域布署、各要素空间结构等。社区居民需要参与到各个环节的各个层面,践行学习—认识—实践—提高的发展过程,提升居民的旅游参与及经营管理能力,才能达到预期的发展目标。

4. 最小化原则

在社区参与生态旅游过程中应尽可能践行最小化原则,特别是在以社区为载体的民族生态旅游社区,应转变大兴土木的旅游开发理念,杜绝与当地自然、文化景观不协调的建筑景观,给游客提供淳朴的、原生的自然景观和风俗风貌,实现规模最小化、受益最大化的生态旅游发展效果。

(二) 生态旅游社区参与的模式构建

只有建立政府、社区、企业、非政府组织等第三方力量共同参与的开发模式,社区居民才能在生态旅游的开发中发挥最大作用,使生态旅游落实其可持续发展的核心原则,实现对自然生态、文化生态的有效保护[172]。

1. 提升社区参与生态旅游水平的路径选择

(1) 政府有限主导

中国社会的集权历史由来已久,政府与社会的关系建立在权力对民众社会生活的全面渗透之上。社会组织、民众对公共事务的参与活动往往要借助政府的引导才能实现。在生态旅游发展中,政府的主导作用影响显著,这意味着旅游产业、第三方组织机构、社区居民的参与都离不开政府的主导。但政府需要明确自身的职能、权限以及边界,在生态旅游开发中把握好主导的方式和范围,其作用应主要体现在政策法规制定、平台搭建、协调干预、行政管理等方面。

(2) 社区能力建设

居民生态旅游参与能力的建设是提升社区参与水平、实现社区发展的重要途径,并且这种能力可以通过一系列措施来培养和提升。如推行参与式发展,促使社区把文化转化为参与生态旅游开发的文化资本,将社区参与的主动权交还社区本身;加强居民生态旅游知识教育和技能的培训;培育社区精英,使其发挥社区参与生态旅游的示范性作用。壮大社区组织,增加社区参与生态旅游的社会资本;发挥基层行政组织的动员能力,推进民主政治在农村基层的建设[173]。

(3) 合同制约与法制规范

社区居民的能力建设是一项长期的工程,但旅游开发已经是进行时。因此,在居民的能力培养完成之前,利用法规、合同来保护其权责与利益是必要的手段。合同与法规对社区、政府、企业等生态旅游开发利益相关者的参与活动能起到约束与规范作用,避免生态旅游开发中的种种乱象,充分保障处于相对弱势地位的社区居民的利益。

(4) 第三方组织的介入

在生态旅游社区参与中,第三方组织对于制约政府、企业的参与行为,给予社区知识、技能援助具有重要作用。第三方组织主要指独立于政府之外又区别于市场部门的非政府组织、非营利组织、行业协会、志愿者团体、学者阶层、新闻媒体等组织和群体。这些组织和群体力量的壮大是公民社会的重要体现,其特征是民间性、自主性、自愿性、公益性。目前,保护生物多样性、维护社区可持续发展的思想得到了许多第三方组织,如联合国环境计划署、联合国发展计划署等国际组织的重视,这些国际组织领导的全球环境基金(Global Environment Facility,GEF)生物多样性项目都要求囊括有关当地社区参与的内容。

2. 生态旅游社区参与模式的构建

社区参与生态旅游的模式可以借鉴孙九霞[174]的研究成果,基于社区参与旅游的主要路径和生态旅游的主要利益相关者出发构建参与模式。在该模式中,政府部门通过制定旅游公共政策及规范、提供旅游参与平台、协调各利益相关者的关系等方式有限地主导社区、旅游企业以及第三方组织的参与行为;第三方组织的介入可以给予社区居民知识和技术支持,为政府、旅游企业提供咨询,同时制约政府和旅游企业的参与行为。而实现这一模式的前提是生态旅游开发的所有利益相关者都需纳入法制规范之下,这是公平参与、民主参与的重要保证。

该模式的运行原则可以概括为16个字:"自上而下,自下而上,由内而外,由外而内。"政府部门作为行动的核心,"自上而下"实行有限主导式的管理和决策;社区"自下而上"发挥自身能动性,选择参与方式和途径,并将社区的建议和诉求反馈至政府部门;社区参与的力量是"由内而外"发展起来的,社区居民参与热情高、利益诉求强、参与能力成长快,参与的内生性动力充足;但同时社区也需要第三方组织、政府、旅游企业提供法律援助、能力建设等方面的"由外而内"的支持。这种模式是一种多向度、多层次的运行机制,只有将政府主导、社区反馈的自上而下的方式与社区主导、政府反应的自下而上的方式融汇整合,并引入第三方组织制衡彼此关系,社区参与生态旅游才能真正实现,生态旅游才能真正落实其可持续性要义。

(三) 生态旅游社区参与的机制

1. 建立社区参与旅游开发与规划的决策体系

生态旅游社区居民是生态旅游目的地真正的主人,他们的话语权在旅游规划和开发决策中应得到体现。旅游开发过程中,政府应设立专职的社区管理机构,授权居民通过专门的渠道反馈意见,参与旅游开发的决策。居民参与决策系统应包含以下内容[175]:

(1) 建立有效的社区参与决策机制

决策是指对生态旅游开发过程中的建设目标、市场定位、品牌营造等重大战略问题作出判断与决定。创立各阶层居民广泛参与的生态旅游社区组织,建立社区居民与旅游管理部门、旅游企业之间畅通良好的沟通渠道,形成生态旅游规划开发重大事宜的公示、协商制度,确保任何生态旅游开发决策都经过利益相关各方的论证与支持。

(2) 建立生态旅游开发方式的合作机制

合作机制包括协调生态旅游开发中涉及的食、住、行、游、娱、购等服务产业之间的比例,以及各细分产业内部之间的配合与协调。在我国,建立合作机制还需要合理确定国有、集体与私营的比例关系。某些生态旅游项目在开发时要保证社区居民一定的持股比例,在雇佣工作人员时也要明确社区居民优先的原则。在餐饮和住宿等产业,要充分考虑社区居民的意愿,完善居民自主经营管理相关产业的机制。如在生态旅游地指定区域鼓励社区居民创办具有地方特色的农家餐馆、民宿,同时引入等级评定制度,完善对餐馆、民宿的质量监管,定期向游客推荐高质量、有代表性的餐馆和民宿。

(3) 建立生态旅游发展的问题协商制度

尽管生态旅游被视为可持续发展的旅游方式,但旅游活动或多或少会对目的地的环境和资源造成破坏。随着生态旅游的开展,游客、外来劳动力不断涌入旅游目的地,致使当地物价上涨、道路拥挤、环境质量下降、失业人口增加、原生文化被侵蚀、社区居民对游客的态度也由最初的热情转变为敌视等。所有这些由生态旅游引发的问题,如果不及时协商解决,就会导致生态旅游地的衰落。为此应围绕政府、企业、第三方组织和社区居民建立有效的协商制度,设立专门的机构,定期组织座谈和会议,倾听社区居民对发展生态旅游的意见和要求,有关部门要及时作出反应,调整相关政策措施,平衡各方主体的利益诉求。

2. 建立规范的利益分配机制

社区居民参与生态旅游利益分配,确保居民能够通过生态旅游改善收入水平,提升生活质量,这是社区参与生态旅游模式中最重要的环节。

(1) 建立多元化的生态补偿机制

由于生态旅游活动不可避免会对资源与环境造成破坏,而社区又是资源环境质量下降的直接受害者,因此生态旅游开发中,政府和旅游企业有义务对社区给予一定的补偿(即生态补偿)。生态补偿的受众既可以是社区居民,也可以是当地的交通、学校、医院等公共事业部门,原则是要有益于社区的发展和居民生活质量的提升[174]。补偿的方式也可以是多样的。如肯尼亚的安波沙堤国家公园,在开发生态旅游的过程中,公园管理部门每年会将门票收入的10%(约200万美元)划拨给当地的学校和公共事业部门[175]。这一生态补偿措施被认为遏制了当地的滥捕滥猎行为,成效显著。

(2) 引导社区居民从事生态旅游经营活动

由于个人的经济实力有限,大部分社区居民不具备主导生态旅游经营的客观条件,在大多数发展中国家,生态旅游的经营权往往集中在掌握金融资本的少数人手里。为保障社区居民直接参与生态旅游经营活动,当地政府可以与银行等金融机构协调,为从事生态旅游服务项目的居民提供一定数额的贷款和担保,让社区居民有机会参与服务设施、环保设施的建设。服务供应商应以本地企业为主,优先采购本地原材料,雇佣本地居民等,以此引导居民积极参与生态旅游,改善经济状况。

3. 构建旅游技能与环境知识的培训机制

(1) 对社区居民进行管理与服务技能培训

在我国,生态旅游社区的居民主要以务农为主,对生态旅游管理知识与服务技能的掌握相对欠缺,因此要针对社区居民进行生态与旅游相关知识的培训,可包括导游服务、住宿服务、市场分析、交通服务等方面,力争使社区居民掌握必要的管理知识和服务技巧,在社区参与生态旅游过程中发挥自身的价值。

(2) 对社区居民进行环境保护宣传与教育

对社区居民持续进行环境保护的宣传与教育,提升居民对旅游业可持续发展的认识,这是一个长期的过程。如利用电视、公众号、短视频等多种媒体形式,阐释旅游活动中的环保理念,同时挖掘地方特质,激发居民的依恋感和环境责任感。此外可结合当地环境与资源保护开设专题讲座,提升环境道德规范,使居民自觉形成保护环境的行为习惯。

(3) 提升管理人员对社区参与的认识水平和管理能力

管理者的素质决定着社区参与的程度与质量。有必要对相关政府管理人员进行专业培训,提升有关人员对社区居民的关注意识、服务意识和管理水平,帮助居民更好地参与生态旅游建设。

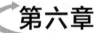

第六章

生态旅游产品与体验

生态旅游作为一种旅游类型,具有社会效益、经济效益与文化效益等多重效益。本节首先介绍了生态旅游产品的概念、特点,阐述了目前常见的生态旅游产品类型;接着梳理了生态旅游体验的定义、类型以及质量管理等。

6.1 生态旅游产品

本节内容聚焦于生态旅游产品,由生态旅游产品的概念及特点引入,而后梳理生态旅游产品的类型、设计等相关内容。

6.1.1 生态旅游产品的概念及特点

(一) 旅游产品的概念

旅游产品的概念内涵丰富,从旅游市场营销原理出发,旅游产品是指旅游经营者凭借旅游吸引物、交通和旅游设施,向旅游者提供的用以满足其旅游活动需求的全部产品和服务的总和。旅游产品由核心产品、形式产品和延伸产品三个层次组成。

从国内外学者们对旅游产品的定义来看,道格拉斯·皮尔斯(Douglas G. Pearce)指出,旅游产品是一个国家或地区的吸引物、交通、膳宿及有望达到消费者满意目的的娱乐项目的总和。米德尔顿(Middleton)等认为,旅游产品实际上分为两种情况:第一是综合概念,包括旅游者出门旅游直至回家期间,所有涉及的设施与服务所共同构成的综合体;第二是指某特定的具有商业性的物品,如吸引物、接待设施、交通、服务等。谢彦君认为旅游产品是为了满足旅游者的审美和愉悦的需要,而在一定地域上被生产或开发出来以供销售的物象与劳务的总和[176]。根据中国国家质量监督局颁布的《旅游服务基础术语》,旅游服务产品的定义为:由实物和服务综合构成的向旅游者销售的旅游项目。

(二) 生态旅游产品的概念

本书将生态旅游产品定义为:经营者为满足生态旅游者游览过程中的需求,以多种生态旅游资源为中心吸引物,供给旅游市场绿色产品和服务的总和,具体包括生态旅游吸引物、生态旅游线路、生态旅游基础设施、生态旅游服务,以及生态旅游的可进入性等。生态旅游产品日趋专业化,与其他旅游产品的区别在于:(1)旅游者参与其中的体验不同;(2)对目的地的旅游资源和生态环境产生的结果不同;(3)对当地社区的经济、生态可持续发展的影响不同。

生态旅游吸引物是生态旅游的核心,包括自然生态旅游资源、人文生态旅游资源、当地社区吸引物等。一般来说,生态旅游产品即是立足于生态旅游吸引物而开发出来的具有特色的生态旅游产品。

生态旅游基础设施包含各种住宿设施、餐饮设施、服务设施、娱乐设施等,其最大的特点是能反映对资源的可持续利用、环境影响的最小化以及环境污染的控制。如果一个地区发展生态旅游,没有生态化的基础设施,则无法与普通旅游形式区别开来。生态旅游服务是旅游目的地为提供生态旅游的产品消费而提供的配套服务,是一种无形的产品形式,主要反映在环境解说系统以及生态环境宣传教育方面。

生态旅游的可进入性,指从客源地到达生态旅游目的地之间的距离、交通条件、费用、时间等因素的总和,包括了便捷性、区位条件、安全性和交通基础设施。较之于一般的旅游目的地,生态旅游目的地往往是在比较偏远的地区,距离大中城市较远,交通条件的不理想成为受人类干扰较少的重要因素。在这些生态旅游目的地中,往往有很多野生生物栖息,如果人们一味强调交通的便利性而开筑公路,其结果就是破坏植被,对野生动物的正常生存产生较大影响。因此在发展生态旅游的过程中,首先要考虑保护当地自然与人文环境,不能因旅游开发而破坏环境。从某种角度来说,生态旅游目的地可进入性的不足恰恰增添了旅游者的兴趣。同时,生态旅游目的地的交通工具也需要更多地考虑环保性,做到对环境影响的最小化。

生态旅游产品主要呈现出三种形式:(1)生态旅游景区(点)和生态旅游活

动项目(特色旅游节庆活动);(2)生态旅游线路;(3)生态旅游目的地(省、市、大旅游区等)。其中,生态旅游景区(点)和旅游活动项目是最基本的生态旅游产品形式,目的地产品和线路产品都是在景区(点)产品的基础上组合而成的。

(三) 生态旅游产品的特点

生态旅游产品既具有一般旅游产品的特性,又具有自身特殊的性质。具体而言具有以下特征:

1. 资源取向的生态性

生态旅游产品以自然、人文旅游资源为基础,与其他旅游产品的本质差别在于其资源取向的生态性,这显示出生态旅游活动主要依赖纯自然或人为干扰较少的自然环境,及有普遍价值的历史人文景观环境。

2. 产品资源的脆弱性

生态旅游产品十分依赖于自然和人文两种资源系统,而它们可供人类旅游活动开发的内容是受限的。区域内不同的有生命和无生命的系统间相互依存和制约形成独特的有机系统,当旅游活动融入这一系统时,可能对区域系统造成一定影响,当影响程度大于环境承受极限时会造成系统失调,严重时甚至引起区域系统的崩溃。

3. 产品功能的专业性

生态旅游属于高层次的专业旅游,产品资源取向集中于不同生态学特性的自然景观和不同历史阶段的人文景观之内。其自然资源形态可分为陆地或海洋等生态系统;人文资源形态可分为古迹、文物、古建筑群、古城、遗址、民俗文化等,因此产品具有特定的专业功能指向。

4. 旅游产品的品质性

开发设计的生态旅游产品中通常蕴含丰富的自然和文化等信息,具有较高的文化、美学等价值,使旅游者在旅游过程中,不仅能实现观光、休闲等目的,同时能获取更多自然、人文知识。对比大众旅游产品,生态旅游产品的科学与文化品质更高。

6.1.2 生态旅游产品类型

按照不同划分标准,生态旅游产品可以划分为不同的类型(表6-1)。

表 6-1 生态旅游产品类型划分

划分依据	划分类型	介绍
资源吸引要素	自然景观旅游产品	自然景观旅游资源表征或特色的展示,展示给旅游者的是能够构成景观的资源体,如峰丛、沙滩、雪山等
	人文景观旅游产品	以人文旅游资源开发作为旅游产品的一部分,如寺院建筑、历史建筑遗迹、古城、民族文化、民族风情等
产品性质	生态观光旅游产品	供旅游者观赏、游览和参与体验的旅游产品,是供旅游者消费的自然风光、文化内涵的展示品和民族风情体验等方面的旅游经历
	生态度假旅游产品	以自然生态资源为背景,供游客在一定时间度假消费的旅游产品
	生态专项旅游产品	以自然生态旅游资源的消费为主要内容的专项旅游产品,如自然探险旅游产品、民族节庆旅游产品等
市场需求	大众生态旅游产品	适应大众化旅游消费市场而开发形成的生态旅游产品,主要包括在风景名胜区、自然保护区、森林公园等生态旅游资源单位内进行的游览、观赏、垂钓、田园采摘等活动
	示范生态旅游产品	生态资源独特、旅游开发管理服务水平较高、经营发展模式具有示范效应的生态旅游产品,主要包括在自然保护区等生态旅游资源单位内进行的游览、观赏、科考、探险、狩猎、田园采摘等活动
	特种生态旅游产品	生态资源具有特殊优势、在市场上形成独特吸引力的生态旅游产品,主要包括观鸟、观察野生动物迁徙、沙漠探险、自然生态考察等

资料来源:笔者整理

钟林生等学者依据生态旅游者旅游所需服务和生态旅游开展的场所,对生态旅游产品进行了比较系统的分类[177],详见图 6-1。

(一)以生态旅游者旅游过程所需服务划分

1. 生态旅游餐饮住宿产品

生态旅游餐饮住宿产品指生态旅游区内为生态旅游者在生态旅游活动期间提供的餐饮服务及住宿服务的产品,主要包括各类型餐厅以及绿色饭店等。

2. 生态旅游交通产品

广义上来看,生态旅游交通产品指为生态旅游提供的运行于生态旅游客源地和生态旅游目的地之间、生态旅游景区内/外的交通服务产品,如汽车、火车、飞机等。狭义上来看,生态旅游交通产品指运营于生态旅游景区内的具有低耗能、低污染和独特体验价值的特殊交通工具,如骑骆驼等。

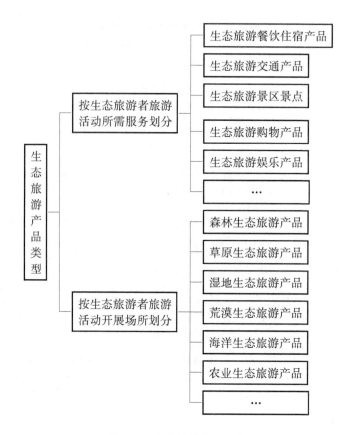

图 6-1　生态旅游产品分类
资料来源：改编自钟林生等[177]

3. 生态旅游景区景点

生态旅游景区景点是生态旅游的核心吸引物，是生态旅游产品的核心内容。生态旅游景区景点产品不仅包含生态旅游区有形的观赏性景观，还包括景区独特的自然生态环境、地方民族文化、宗教习俗等无形的部分。

4. 生态旅游购物产品

生态旅游购物产品指生态旅游区设计的充分利用地方资源并与生态旅游区形象和特色相匹配的、可供旅游者购买的产品，包括生态旅游工艺品、纪念品、土特产、日用品与其他产品。

5. 生态旅游娱乐产品

生态旅游娱乐产品指生态旅游者在生态旅游过程中享受的娱乐服务产品，可以满足其愉悦身心、放松精神、提高生态旅游体验的精神需求的产品。

（二）以生态旅游活动开展场所划分

1. 森林生态旅游产品

森林生态旅游产品是以森林生态系统为基础设计的以享受、娱乐、保健为目的的游憩活动产品，包括野营、漂流、探险等活动，具体地有森林氧吧、漂流旅游、林区野营等。

2. 草原生态旅游产品

草原生态旅游产品以草原生态系统为主要旅游吸引物，具有视野开阔、生物多样性丰富、蕴涵文化丰富等特点，如游牧部落游、草原旅游那达慕等生态旅游产品。

3. 湿地生态旅游产品

湿地生态旅游产品是以湿地景观为主要旅游对象的生态旅游产品，如辽宁盘锦辽河口湿地的红海滩观赏会、江西鄱阳湖湿地生态游等。

4. 荒漠生态旅游产品

荒漠生态旅游产品即以荒漠景观为旅游体验对象的旅游产品。沙漠、戈壁、风蚀地貌、旱生植物及干旱风沙作用产生的奇特自然景观以及湮没于荒漠之中的古迹遗址均可以作为荒漠生态旅游产品开发利用。如罗布泊自驾探险游、鸣沙山沙漠风情之旅等均属荒漠生态旅游产品。

5. 海洋生态旅游产品

海洋生态旅游产品即利用海洋独特的环境而开发的生态旅游产品，如海水浴、海岸带观光游、海岛旅游、潜水游等。

6. 农业生态旅游产品

农业生态旅游产品是在一定时空限制下，创造性地将农业资源与独特的乡村环境有机结合设计而成的旅游产品，如农业观光园、农家乐、渔家乐等。

以此为标准划分的生态旅游活动的场所很多，适宜开展生态旅游的产品类型也有许多，如以水环境为依托的生态旅游产品除了湿地旅游产品、海洋旅游产品之外，还有温泉度假旅游产品、滨湖度假旅游产品、冰川探险旅游产品等。

6.1.3 生态旅游产品设计

生态旅游产品设计是指对生态旅游产品的研究、构思、设计、生产和推广的过程,旨在保证旅游者的生态旅游体验效果,丰富旅游产品,提高产品质量,提升消费者的满意度[178]。生态旅游产品作为一种特别的旅游产品,其开发过程中更注重综合性和整体性,需结合可进入性、资源的承受力等要素对生态旅游产品进行特别设计。

(一) 设计原则

生态旅游产品设计的意义在于充分发挥生态旅游特殊的教育功能,增强生态旅游的资源吸引力,提升旅游者的体验效果。

钟林生等详尽地阐述了生态旅游开发需要遵守的基本原则:小规模;重质不重量,局部开放与管制;联结并保护当地文化与环境;科学的检测;准许行为与可接受程度的制定;借助旅游规划与管理技术;保护第一的原则;"双赢"策略;教育的观念;应促进旅游活动之间的理解,可采用各种有效形式的合作;应促进旅游经营者对自然和文化环境负责并为之行动的精神理解;应为旅游资源、当地社区、行业提供长期利益,这种利益可能是保护性的、科学性的、社会的、文化的和经济的;使用者付费观念,即游客必须付出一定的费用[177]。

借鉴已有研究,结合中国生态旅游产品的特征,我们提出以下生态旅游产品开发应遵循的原则:

(1) 保护为先原则

在生态旅游活动项目设计中全程坚持保护第一,避开核心区域,保证生态保护区的生态环境;始终坚持 3R 原则(Reduce、Reuse、Recycle)。其中,Reduce 指产品设计中拒绝过度包装,追求简单朴实,减少废弃物的排放,以免增加对环境的污染和破坏;Reuse 指对生态旅游产品提出了多次利用的要求,延长生态旅游产品服务的时间长度,提高产品的利用效率。Recycle 指在生态旅游产品完成其使用功能后,能再次收集处理并改造为可利用的资源,从而降低资源的浪费,促进资源的保护。

(2) 生态化原则

生态旅游产品的设计应体现生态化原则,从保护环境、减少污染、充分利用资源的角度出发,在尊重生态系统规律的前提下,合理设计开发生态旅游产品,在合理范围内最大程度地挖掘自然资源的使用价值,在满足消费者需求的同时实现营销和生态发展目标。

（3）系列化原则

生态旅游经历了从走向自然到认识自然再到环境教育的发展变化过程，产品种类日益丰富。目前来看，生态旅游产品类别逐步从生态观光旅游产品向生态休闲和生态疗养等方向转变。生态度假、生态保健、生态科研、生态娱乐和生态美食等系列产品逐渐丰富。生态旅游产品系列化、多元化发展，不仅是持续变动的市场的要求，也是实现生态旅游可持续发展的有益尝试。同时，由于生态旅游产品的系统性和整体性，在生态旅游产品开发设计中还需要注意生态旅游资源、生态旅游设施和生态旅游服务的协调发展，避免各部分的脱节。

（4）特色性原则

生态旅游产品贵在"天然"，其吸引力和竞争力在很大程度上取决于它与众不同的独特性。在新产品设计开发过程中，应体现适度超前性、可操作性、系统性和创新性，根据区域生态旅游资源的特点，适度超前，优化产品结构，确定和开发具有创新性和可操作性的产品，突出和保持其原有风貌，展现地方特色。对于叠加了人类活动和文化的生态旅游系列产品，尽可能展现区域自然与文化原始底蕴，绝不能拆旧建新，在自然环境中修建格格不入的现代建筑。同时，产品设计开发前期要科学地计算生态旅游区域的最大承载力，将负面影响控制在最低限度内。另外，应充分考虑旅游产品的开发是否与当地居民的生产生活以及文化相融合，与当地的社会经济持续发展目标是否协调一致。

（5）参与性原则

生态旅游的参加者一般都具有较高的积极性、注重参与的主动性，所以开发生态旅游项目时，要考虑不同时空条件下旅游者参与的可能性，使旅游者在游憩过程中提升保护区域生态环境的主动性。如，栽树种草等参与性生态旅游产品，不仅使旅游者获得更多的感官刺激和生态旅游体验，而且能留下更深刻的印象。

当地社区的参与和配合是生态旅游产品生产和销售达标的前提条件。生态旅游产品开发有助于社区经济和社会效益的获取，因此，社区及居民的有效参与应纳入考虑中。

（6）市场导向原则

生态旅游产品的核心在于价值交换，而这种价值需获得市场认可。拥有广泛市场是生态旅游产品具有强大的竞争力和较好的经济效益的基础。因此，在生态旅游产品设计开发中不能仅仅依靠已有市场规模与资源，应该要将自然资源优势转变为市场优势,去满足生态旅游者的需求。在充分的市场调研与分析后,结合消费者目标市场的消费偏好,设计和开发出不同类型、层次、规模的生态旅游产品。

(二) 生态旅游产品设计开发的层次

生态旅游产品的设计开发无论是从市场培育亦或生态保护的角度来说,都应分层开发、区别对待、循序渐进。生态旅游产品的设计开发大致可分为三个层次:大众化生态旅游产品、高质化生态旅游产品和精品化生态旅游产品。

(1) 大众化生态旅游产品

大众化生态旅游产品多依托于人工生态环境和受一般保护的次生生态环境,具备山水、林木、花草、新鲜的空气等生态旅游资源要素。该类产品通常对旅游者数量无明确限制,但需依靠创意产品和营销吸引生态旅游者的参与。如在城市近郊或自然区域,设计开发大众化的、以休闲度假为主要形式的各种生态型主题公园、现代农业园区等。

(2) 高质化生态旅游产品

高质化生态旅游产品主要依托自然保护区或以自然景观和生态文化为特色的风景名胜区,这类地区一般有相当数量的值得保护的野生生物、自然景观或文化遗迹,相对来说位置比较偏远,其产品设计开发应始终贯彻生态保护理念,设计项目需要经过严格的开发论证,同时必须预估旅游活动中对生物多样性和原生环境造成的影响。这类产品对旅游者的生态知识是有一定要求的,因此,产品的设计开发应满足向旅游者和当地社区居民灌输生态保护知识的要求。另外,严格来说,这类产品对游客容量控制也有一定的要求,在生态旅游产品设计中要控制参与生态旅游的规模,避免对生态环境的破坏。

(3) 精品化生态旅游产品

精品化生态旅游产品即狭义的生态旅游产品,依托各种受国家有关法律约束的、具有特殊重要保护功能的原生生态环境。其开发对象多是尚未开发的山岳荒野等原生态地区,在开发旅游产品时都受到严格的限制,需根据环境的承载力、区域内的野生植物的分布及空间分布差别、动物的生活习性和行为规律进行开发设计。

(三) 生态旅游机会谱

生态旅游产品设计中有诸多主题,可以是远距离的观赏活动,也可以是探秘等直接参与性活动。在生态旅游产品开发中,可以采用游憩机会谱法。

游憩机会谱(Recreation Opportunity Spectrum,ROS)是游憩资源规划管理框架,基本意图是确定不同游憩环境类型,每一种环境类型能够提供不同的游憩机会[179]。此后,旅游机会谱(Tourism Opportunity Spectrum,TOS)和生态旅游机会谱(Ecotourism Opportunity Spectrum,ECOS)概念相继被提出,游憩机会谱理论延伸到旅游地(自然旅游地)发展规划和生态旅游地规划领域。

生态旅游机会谱由理查德·巴特勒(Richard W. Butles)和史蒂芬·博伊德(Stephen W. Boyd)在ROS理论和TOS理论基础上合作建立。它为生态旅游者提供可供其选择的多种类型的生态旅游活动,强调了给予生态旅游者选择活动内容及方式的机会。不同的生态旅游区,其构成要素和环境类型不尽相同,因此各生态旅游区相应开展的旅游活动项目、场所也会有所侧重,而最终给生态旅游者带来的体验类型、水平和难易程度也会存在很大不同。生态旅游机会谱给出了不同环境类型里适宜开展的活动项目和旅游者所能获得的旅游体验(详见钟林生等《生态旅游规划原理和方法》[177])。

在一个地域范围内往往具有多样的环境类型,应在分析生态旅游机会谱的基础上,确定最合适的旅游方式和产品类型。自然保护地、森林公园、湿地、地质公园等多种类型的生态旅游体均可以设计不同的生态旅游机会。在具有原始型环境类型特征的自然保护地,可以开发满足生态旅游者较高需求的生态旅游产品,如探险旅游等。

虽然生态旅游机会谱描绘了多个生态旅游可能性,但其能否落地还需考虑各环境类型面临的诸多限制(表6-2)。

表6-2 生态旅游机会限制条件与环境类型的关系

限制条件	生态环境类型				
	R	RNA	SPM	SPNM	P
通达性	很容易→很困难				
资源的非旅游利用	适宜大规模利用→不适宜大规模利用				
基础设施状况	有很多设施→设施很少				
社会联系程度	频繁联系→很少联系				
对利用的承受力	高度→低度				
适宜的管理强度	严密的管理→简单的管理				

资料来源:钟林生等《生态旅游规划原理和方法》[177]

6.2 生态旅游体验管理

旅游是一种包罗万象的社会现象,而旅游体验是构成该种社会现象的重要内核[180]。在生态旅游中,旅游者往往会主动投入时间和精力参加各类以保护生态、贴近自然为导向的旅游活动,达到欣赏美景、享受妙趣、保护家园的目标。本节内容聚焦于生态旅游体验,从生态旅游体验以及体验经济的定义入手,梳理生态旅游体验的类型、设计以及生态旅游体验质量的相关内容。

6.2.1 生态旅游体验的定义

(一) 体验经济

早在20世纪70年代,阿尔文·托夫勒(Alvin Toffler)提出了"体验经济"的概念,认为这是继农业经济、工业经济与服务经济之后经济社会发展的新动向与新趋势。1999年,约瑟夫·派恩(Joseph Pine)和詹姆斯·吉尔摩(James H. Gilmore)正式提出体验经济的概念,即"以商品为道具、以服务为舞台,以提供体验作为主要经济提供品的经济形态"。此概念一经提出即引发了无数企业家和学者的思考。

一般来说,可以从三个方面去剖析体验经济的内涵:从消费者层面来看,其消费过程中追求的不再仅仅是物质的获得,更关注的是精神的享受,也就是说,消费者的视角逐渐从"重结果"转变为"重过程";从企业层面来看,体验经济是企业回应顾客体验需求的重要途径。目前,大部分企业日益重视供给市场所关注的服务和体验,特别是服务行业的企业,瞄准顾客体验相关的业务,力求为顾客提供个性化、高品质的消费体验,实现顾客物质和精神需求的契合,以此来形成在市场上的竞争力,获得更多的忠实顾客;从时代发展层面来看,体验经济是"服务经济"的华丽变身,是对"服务经济"的延伸与升级,是在精神需求逐渐成为消费者主导性需求的背景下的必然结果[181]。

旅游业早已成为国民经济的重要组成部分,体验经济早已渗透进旅游业的各个领域中。步入体验经济时代之后,旅游者的体验对行业发展的作用凸显了。为更好地提供多元化、互动性的旅游产品与旅游服务,充分释放旅游业活力,做好旅游体验管理是十分必要的。

（二）生态旅游体验

在学术界，旅游体验长期以来都是一个热点话题。波斯汀（Boorstin）认为旅游作为消费行为的一种特殊类型，会向正在参与旅游活动的旅游者传递综合性感知，旅游者会因此形成对于旅游活动的整体性观点[182]。在此之后，诸多国内外学者纷纷提出对旅游体验的见解。比如，张芳认为旅游者在经过产品刺激之后产生的内在反应即为旅游体验[183]；丁新军、郑海燕认为旅游体验是旅游者与外部世界联结，进而作用于其心理水平并调整其心理结构的过程。旅游体验的影响机制与作用机制是复杂的，对"旅游体验"的定义之辩经久不衰。谢彦君于2004年所提出的旅游体验的概念为大多研究人员所认同，谢彦君认为："旅游者在旅游环境中，与特定情境实现融合时会产生身体与心理的双重畅爽感受，这就是旅游体验"[184]。

生态旅游体验的定义多基于旅游体验的定义而提出，由此也产生了多种针对生态旅游体验定义的争论，在此对部分学者的观点进行梳理（表6-3）。

表6-3 生态旅游体验定义总结

文献来源	生态旅游体验定义
Boorstin，1964	生态旅游体验是一种独特且时尚的消费方式
Colvin，1991	旅游者为实现回忆积累、身心挑战、拓展人际而参与生态旅游活动，并且在旅途中表现出明显的主动性与刺激性
Stamou et al，2003	游客在自然风景区的生态旅游体验会影响到其印象深刻的程度
李先跃，2010	生态旅游体验是在自然环境中，旅游者主动感知自然、体验原生文化、保护生态环境、自愿担负可持续发展责任的体验类型
李琳等，2021	生态旅游体验是旅游者在接触自然资源、感悟自然文化、与当地居民和社区互动过程中所产生的敬畏自然、尊重生命、保护环境的情感反应

资料来源：文献整理而成[185-188]

6.2.2 生态旅游体验类型

划分标准的差异导致学术界对于如何划分生态旅游体验的类型尚未形成统一观点。在此，我们总结了多位学者对于生态旅游体验的类型划分以及对应示例（表6-4）。

表6-4 生态旅游体验类型划分

学者	划分依据或研究情境	细分类型	示例
张建萍，2008	满足生态旅游者需求的旅游体验主题	文化体验	禅修体验、长征体验等
		生存体验	野外生存、南极体验极限等
		学习教育体验	生态保护启蒙教育、生态研学等
		民俗体验	内蒙古风情旅游、五龙"壮家乐"等
		自然体验	野外露营、攀岩等
		生活体验	体验农庄住宿、参与农业生产等
张建萍等，2009	谢彦君等学者对旅游体验的分类	补偿型旅游体验	在森林旅游中增强抗病能力
		遁世型旅游体验	摆脱工作的烦恼，获得心灵放松
M-A Breiby et al,2020	湖泊	自然体验	贴近湖泊、欣赏美景等
		文化体验	品尝特色美食、参观传统建筑等
		思想体验	学习新知识、结交新朋友等
		活动体验	垂钓、划船等
李琳等，2021	旅游体验的普遍性与生态旅游的特殊性	审美体验	欣赏山水风光、野生动植物、感受整体旅游环境和氛围等
		娱乐体验	滑沙、骑行、风景摄影等
		学习体验	认识新的动植物、普及生态知识等
		恢复体验	逃离环境污染严重的城市、生理放松等
		移情体验	唤醒记忆、换位思考、感知人生等

资料来源：根据以往文献整理[3][188-190]

6.2.3 生态旅游体验质量

（一）旅游体验质量

旅游体验质量是旅游者对其旅游体验过程的回顾性评价，这种评价具有事后性、整体性、静态性[191]。旅游体验质量是衡量旅游体验的重要因素，直接决定与反映了旅游企业从事旅游经营的质量。高质量的旅游体验可满足旅游者的旅游需求，还有利于提升旅游者对于旅游企业或者景区的忠诚度，提升企业的效益和竞争力，使企业获得可持续的发展。旅游体验质量具有多维性（常见的维度划分见范少军的总结[192]）。

(二) 生态旅游体验质量评估

目前,学术界对于旅游体验质量评估的研究已经相对成熟,有多种评估模型被提出并检验,在评估生态旅游体验质量时,可以参考旅游体验质量评估的四大模型[193]。

1. KANO 模型

KANO 模型(卡诺模型)是一种用于识别服务属性、评估服务质量的技术模型[194]。该模型已经被引入旅游者的满意度和体验质量的评估中,它将游客的需求分为五类:必备型需求、期望型需求、魅力型需求、无差异型需求、反向型需求,通过比较旅游者感知到的体验质量和实际期望来解释旅游体验质量与满意度的关系(图 6-2)。

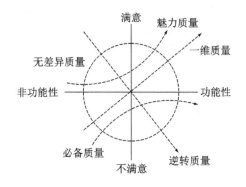

图 6-2 KANO 模型

图源:Kano[194]

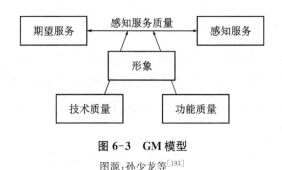

图 6-3 GM 模型

图源:孙少龙等[193]

2. GM 模型和 GAP 模型

GM 模型(图 6-3)是在 1984 年由格鲁诺斯(Grönroos)提出的,其核心是服务中的技术质量和服务传递中的功能质量[195],是影响旅游者体验质量的主要维度,此外,目的地形象会调节旅游者的期望。上述因素共同建构了旅游者的体验质量。

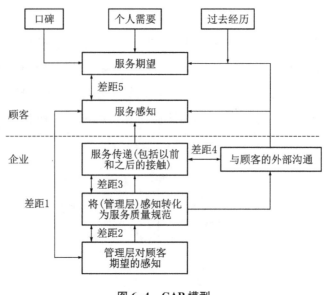

图 6-4　GAP 模型

图源:张琼锐等[196]

GAP 模型(图 6-4),又称为服务质量差距模型,是旅游研究中最常见的体验质量评估模型。该模型是 1985 年由帕拉休拉曼(A. Parasuraman)等美国学者提出。服务质量是顾客期望与顾客体验之间的差距,这是该模型的核心思想。其中"差距"包括倾听差距(GAP1)、服务设计和标准差距(GAP2)、服务绩效差距(GAP3)、沟通差距(GAP4)和顾客差距(GAP5)。该模型认为,顾客的口碑、个人需要和过去的经历会对顾客的理想服务期望造成影响,服务质量下降的本质是顾客所获得的实际服务与理想服务之间存在差距。

3. HSQM 模型

HSQM 模型立足于顾客视阈,从服务与感知交互价值的角度进行衡量,因此可以理解为该模型是对 GM 模型、GAP 模型的拓展。交互质量、物理环境质量、结果质量三个维度构成了模型体系,每个维度下面均有若干子维度(图 6-5)。由于旅游体验质量在一定程度上是旅游者的主观感受,因此该模型也在旅游学界得到了广泛应用。

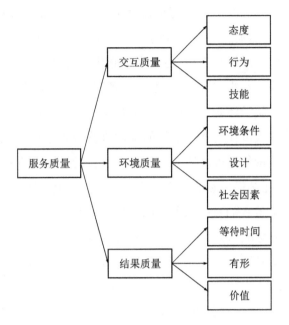

图 6-5　HSQM 模型

图源:孙少龙等[193]

4. ACSI 模型

ACSI 模型,又称美国顾客满意度指数,是费耐尔(Fornell)等学者在赞瑟姆(Zeithaml)提出的顾客价值理论基础上所构建的可用于测量顾客体验质量的评价模型[197],该模型是从顾客认知视角来理清消费者的价值构成的(图 6-6)。ACSI 模型与 GAP 模型具有相似性,通过探讨顾客感知服务与理想服务的差距来评估旅游体验质量,目前多用于定量研究中。

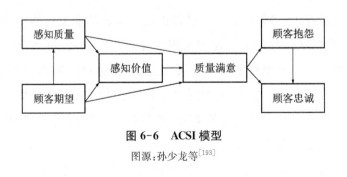

图 6-6　ACSI 模型

图源:孙少龙等[193]

(三) 生态旅游体验质量调查

我们从理论层面已经厘清生态旅游体验质量应当如何进行评估，但是在实践层面来看，生态旅游是一种特殊的旅游类型，研究人员在调查过程中不仅应当具备科学的调查思维与方法，还应当遵守生态伦理，进行调查的同时秉持对生态环境的敬畏与尊重，从而与生态旅游者实现情感上的共鸣，提升调查效率。最常见的生态旅游体验质量调查方法有观察法和问卷调查法[3]。

观察法是调查人员在生态旅游目的地用肉眼或者借助视觉观察仪器实现对于旅游者体验质量的调查。该方法具有两大益处：第一，在许多生态旅游目的地，旅游者沉浸在贴近自然的过程中而希望不受打扰，观察法最大程度地减小了调查人员与旅游者的直接接触，也减小了因为调查人员的出现而对旅游者体验质量造成的影响；第二，观察法是一种较为直观、客观的调查方法，调查人员可以通过观察旅游者的行为、语言以及神情变化来得到调查结果，受旅游者主观性的影响较小。但是观察法也具有一些弊端，比如受到调查人员的素质影响较大、无法探察旅游者的内心活动等。

问卷调查法是让旅游者填写预先设计好的问卷以此获取调研数据，适用于定量研究情境中，是目前被众多学者所青睐的方法。这种方法能在一定程度上获取生态旅游者的主观感受，从而获得更加全面的信息，但是可能会对旅游者造成打扰。因此在采取该方法进行调查时，调查人员应当做到科学设计问卷、预先了解目的地生态保护相关知识、选择合理的时间和地点进行问卷投放，以及避免将调查的废弃纸张丢弃在目的地等。

(四) 生态旅游体验质量提升

可从四大方面着手：立足保护，协调发展；管理游客，积极引导；关注产品，绿色营销；社区增权，居民参与。

第一，立足保护，协调发展。环境保护是生态旅游业发展的动力之一。生态旅游地应当制定科学的生态保护与旅游开发建设规划，将环境保护放在规划的核心位置上，与其他规划协调发展，使生态旅游目的地不失本色，满足旅游者对于"绿水青山"的需求。除此之外，生态旅游地应当进行精准的环境承载力测量与计算，在时间上引导游客在"低谷期"、淡季游览，在空间上合理地设置功能分区，做好引流工作。

第二，管理游客，积极引导。旅游者的言行举止对其他旅游者会产生影响,因此生态旅游地应当做好旅游者管理工作,使其在享受旅游的同时不降低其他旅游者的体验质量。一方面,应当借助各类媒体对于旅游者进行生态科普,潜移默化地增强旅游者的环保意识和生态文化知识水平,成为对环境负责、对他人负责的文明旅游者;另一方面,强有力的约束机制必不可少,政府等公共管理者应出台有关的政策和法规约束和引导旅游者的行为,旅游地应当针对可能发生的不文明行为制定罚款条例等。

第三,关注产品,绿色营销。各类生态旅游产品的生产和销售应符合生态保护原则,打造健康有机的餐饮产品、节电节水的住宿产品、低碳减排的交通方式、科学合理的游览线路以及绿色经济的文创产品。在产品的营销环节,也应当做到绿色营销、低碳营销,避免商业活动破坏原生态环境,造成污染浪费。总之,生态旅游地的产品应当实现绿色一体化,使旅游者在旅游全过程中享受环保之美、感受生态之趣。

第四,社区增权,居民参与。社区是一个能进行一定活动的社会,居民在社区的长期生活使其对当地的自然生态景观和历史文化渊源非常熟悉,往往可以充当生态旅游目的地的导游角色,甚至可以成为生态景观的发掘者,比如湖南省武陵源风景区内的黄龙洞就是当地民兵发现的,现在已经成为风景区内的重要吸引物。发展生态旅游业可增加对于社区居民的关注,既有利于正确处理目的地社区人与自然的矛盾,还能够增加社区就业途径,提高社区居民的经济收入,使其收获幸福感和自豪感,形成良好的"居民—旅游者"的关系,提升旅游者的旅游体验质量。因此,生态旅游地的规划者与管理者应当鼓励社区居民自发参与到旅游者的接待工作中,为外来旅游者讲解当地的人文与生态知识;要通过定期的培训与典型模范的树立,提升当地居民的个人素质和接待能力,为游客提供高品质的、有地域特色的服务体验。

第七章
典型生态旅游类型

随着时代的发展,生态旅游类型日益丰富。我国的生态旅游形式已从原生的自然景观发展到半人工生态景观,旅游对象从原野、冰川、自然保护区发展到乡村、种植园等,呈现出多元化发展的格局。其中国家公园旅游、野生动物旅游、乡村旅游作为典型生态旅游类型,值得我们进行深入的探讨。本章将从内涵、发展现状、未来发展启示等方面,对国家公园旅游、野生动物旅游、乡村旅游三种典型生态旅游类型进行梳理。

7.1 国家公园旅游

世界自然保护联盟(IUCN)将自然保护地定义为通过法律或其他有效手段进行管理的陆地或海域,实现对生物多样性及自然和相关文化资源的保护和维持[198]。根据管理目的,IUCN又将自然保护地管理类别分为严格的自然保护地(Strict Nature Reserve)、荒野保护地(Wilderness Area)、国家公园(National Park)、自然遗迹(Natural Monument)、栖息地/物种保护区(Habitat/Species Management Area)、陆地和海洋景观保护区(Protected Landscape/Seascape)、资源可持续利用保护地(Sustainable Use Area)七类(表7-1)。其中,国家公园是最广为人知的一种自然保护地类别。

表 7-1　IUCN 自然保护地管理分类体系

类别	描述
Ⅰa（严格的自然保护地）	设立目的主要是保护生物多样性和具有地质或地形特点的资源。在其中，人类活动受到严格限制，以确保资源的保护价值。这些区域对科学研究和监测起着无可替代的作用
Ⅰb（荒野保护地）	设立目的主要是为保护其自然原貌。是未经改动或微小改动的区域，以最大限度保持自然特征和影响，不存在永久或明显的人类居住地
Ⅱ（国家公园）	大型自然或近自然区域，是为保护大规模生态过程及物种和生态系统完整性，同时给游客提供与自然或文化环境相兼容的精神享受、科研、教育、游憩的机会
Ⅲ（自然遗迹）	为保护特定的自然遗迹而设立，可以是地貌、海底山、海底洞穴，或依然存活的古树林等，通常面积较小但具有较高的游览价值
Ⅳ（栖息地/物种保护区）	旨在保护特殊物种或栖息地，这类保护地需要经常性、积极的干预来满足某物种或维持栖息地功能的需要，但并不是所有这类保护地都有这种需要
Ⅴ（陆地和海洋景观保护区）	人与自然交互随时间产生出具有明显特征的区域，具有显著的生态系统、生物、文化、科学的价值，并且保护这种交互的一致性对保护和维持区域的自然和其他价值极为关键
Ⅵ（资源可持续利用保护地）	是为保护生态系统和栖息地及与之相关的文化价值和传统自然资源管理体系的区域。通常范围较大，大部分处于自然状态，一部分处于可持续自然资源管理范围，该区域主要管理目标是使自然资源的低水平非工业用途与自然保护目的相兼容

资料来源：朱春全[199]；达德利等（Dudley et al.）[200]；加德纳（Gardner）[201]

7.1.1　国家公园的定义、功能与特征

根据 IUCN 的定义，国家公园是指大面积的自然或近自然区域，在保护区域内生态系统完整性的前提下，为民众提供与环境相兼容的精神享受、科学、教育、娱乐的机会[198][202]。保护自然生态系统和推动环境教育和游憩是设立国家公园的首要目标。尽管各个国家的定义和标准不一，但国家公园的基本功能包括：一是生态保护功能，因国家公园的景观资源具有一定独特性，拥有重要的国家或国际意义；二是科研功能，国家公园可为相关科研活动提供场所和研究对象，促进科学研究的发展；三是教育功能，依托丰富的自然和人文景观资源，国家公园可开展生动的环境教育活动，为公众普及相关环境知识；四是游憩功能，国家公园可为大众提供亲近和体验自然的机会[203]。

纵观世界各国国家公园,可以总结出以下基本特征[204]：一是原真性,国家公园以天然形成的环境为基础,旨在保护生态系统的原始性；二是区域性,由于自然环境、生态系统分布的区域性特征形成各具特色的国家公园；三是行政性,国家公园是人为划定的,国家公园事务由国家层面进行统筹并均衡诸多利益相关者,主要由各级行政机构进行规划、建设和管理,政府主导,多方参与；四是公益性,这是国家公园最重要的属性,也是设立国家公园的根本宗旨,国家公园支持者通过立法形式将该宗旨确定并执行；国家公园不以营利为目的,其功能决定了它是为公众提供科研、环境教育和自然或文化体验的重要场所,公益性是其最基本的属性；五是珍稀性,国家公园的自然或文化资源大多为国内外所罕见,通常具有较高的自然生态或文化遗产价值。

7.1.2 国家公园体系

（一）美国国家公园

1. 背景与发展阶段

美国国家公园的设立目的源于限制人类干扰的"保存派"思想,反映了全球国家公园管理哲学中的第一步"保存"(Preserve)[205]。国家公园由 National Park 直译而来,由美国率先提出。19 世纪以来,征服大陆的"西进运动"使美国的自然环境遭到了巨大的破坏,这种野蛮的开发为崇尚自然的自然主义者所抵制,并引发对自然和荒野价值的反思,认识到保护自然的意义[206-207]。1832 年,美国艺术家乔治·卡特林(George Catlin)在途经优胜美地谷时看到当地红杉巨木被大肆砍伐,随后他向政府建议设立国家公园保持红杉林的原生状态,这是国家公园的概念第一次被正式提出。1864 年,优胜美地谷被划为保护区,现代自然保护运动由此拉开序幕。1872 年,美国政府宣布建立世界第一个国家公园——黄石国家公园,这是现代国家公园体制的起点。1906 年,公众对史前废墟和印第安文明的关注促使了国家纪念地的设立。这一阶段,美国国家公园体系初步成型。1916 年,斯蒂芬·廷·马瑟(Stephen Tyng Mather)领导创设了国家公园管理局,以加强对当时的 14 个国家公园和 21 个国家纪念地的保护和管理,在保护自然景观的同时寻求合理、适度的旅游开发,并尝试扩大国家公园体系。这一时期,国家公园局的专职管理功能强化,国家公园运动在全美得到普及和推广,美国的国家公园体系进一步得到了完善。1933—

1966年是美国国家公园的转型时期。这一时期,国家公园管理局与平民保育团共同推动在全美国家公园建设游步道等基础设施;同时为满足持续增长的游憩需求,缓解资源保护压力,国家公园管理局投资10亿美元用于资源的保护管理和人员组织建设等。到1966年美国国家公园游客到访率已达66%。然而,这一时期对自然资源的生态价值认识不足,保护力度不够,被"生态保护主义者"批评为过度开发。此后,在环保组织等多方压力之下,国家公园管理局颁布了一系列法律,针对生态系统的保护进行立法强化。1985年后,美国国家公园体系趋于成熟,其资源保护、游憩、科研、教育等专职功能得到加强。

美国的国家公园主要分布在西部地区,截至2022年3月,国家公园管理局共管理着423个国家公园。包括国家纪念地、国家历史地段、国家公园、国家历史公园等,共20个分类(表7-2)。

表7-2 美国国家公园分类体系

分类		个数
国家纪念地	National Monuments	84
国家历史地段	National Historic Sites	74
国家公园	National Parks	63
国家历史公园	National Historical Parks	61
国家纪念战场	National Memorials	31
国家保护区	National Preserve	19
国家休闲地	National Recreation Areas	18
国家战场	National Battlefields	11
国家野生与风景河流	National Wild and Scenic Rivers and Riverways	10
国家海滨	National Seashores	10
国家军事公园	National Military Parks	9
国家战场公园	National Battlefield Parks	4
国家景观大道	National Parkways	4
国家河流	National Rivers	4
国家湖滨	National Lakeshores	3
国家风景路	National Scenic Trails	3
国家保留地	National Reserves	2

(续表)

分类		个数
国家战争纪念地	National Battlefield Sites	1
国际历史地段	International Historic Sites	1
其他公园地	Other Designations	11

资料来源：美国国家公园管理局，https://www.nps.gov

2. 管理体系

1862年，美国政府施行《宅地法》等政策，这使得逐渐为人所知的黄石河上游土地存在私有化的可能性。为控制国家公园土地的使用权，1872年3月1日，国会通过了《黄石公园法》，其立法宗旨是"为了人民的利益和愉悦"而将其保留为一个"公园或娱乐地"，并"使其保存在自然状态"[208]。该法案规定了黄石公园的区域、用途以及内政部的管辖权。此后，美国政府以"阻止破坏野生动物和自然景观"为名，借助军队实现了对居住在国家公园内的印第安土著居民的驱逐。1906年，《古迹法》的颁布推动了国家纪念地的建立。1916年，美国政府颁布了《国家公园管理局组织法》，国家公园管理局（National Park Service，NPS）成立，标志着国家公园体系的确立，揭开了美国国家公园发展的新历程。此后国会相继通过了《历史遗迹保护法》《国家游径系统法》《自然风景河流法》《综合授权法》《国家公园及娱乐法》《国家公园综合管理法》等一系列法律，这使国家公园的组织管理得到了法律保障。政府、国家公园管理局等所做的国家公园规划、管理、经营等决策均按照法律程序进行，完善的法律制度的加持使得美国国家公园成为世界自然保护地的范例。

国家公园管理局兼具资源保护和适度旅游开发的任务。《国家公园管理局组织法》规定了国家公园管理局的组织结构，并细化了各部门的办事原则。经过不断实践，最终确立了联邦政府对国家公园直接管辖的"国家公园管理局—地区局—基层管理局"三级管理模式（图7-1）。国家公园管理局隶属于内政部，负责管理政策制定、指导规划设计、制定资金预算、监督与支持立法等事务。大多数行政命令都是由内政部长下达，委派管理局的主管官员执行，而主管必须经美国参议院的认可才能上任。1995年，美国国家机构实行改革，在华盛顿国家公园管理局的领导下，全国设7个地区局，以州界来划分管理范围，管理各分区内的公园；各国家公园设置一个基层管理局。国家公园的行政组织自成一体,各层级的国家公园管理部门均与政府部门相互独立,防止了以往属地管理模式造成的管理权力被分割,追求经济利益而忽视资源保护。此外,在国家公园保护中,志愿者、非政府组织等扮演着重要的角色,并将当地社区纳入,采取社区共建、社区参与的模式配合管理。

国家公园的日常运营费用由国会拨款支撑,而国家公园管理局则由中央财政拨款维持其日常运营。经费主要用于两大基础性的支出:一是硬性支出,二是软性支出。其中,硬性支出主要是国家公园的直接运营成本,而软性支出则主要指国家公园相关科研、教育等特殊项目的支出,包括教育、管理专业化、青少年活动、气候影响评估等非日常支出成本。

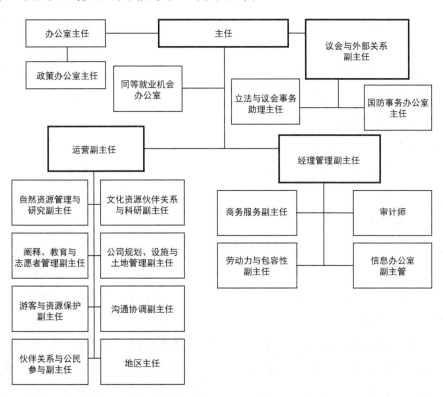

图 7-1　美国国家公园管理局组织结构

图源:美国国家公园管理局,https://www.nps.gov

(二) 英国国家公园

1. 背景与发展

19世纪早期英国出现了大量描绘乡村地区的赞赏诗歌(Wordsworth),激发了公众对田园风光的向往。但当时乡村土地私有,为争取民众进入乡村土地的权利,英国的非政府组织与土地所有者进行了抗争。美国的国家公园的概念提出后得到传播和推广,但在世界范围内,国家公园的建设进程较为缓慢,而英国是当时欧洲唯一响应的国家。英国于1895年设立"国家托拉斯"负责规划土地并设立自然保护区。此后,越来越多的公众要求开放乡村地区,20世纪40年代,英国议会提出建立国家公园的议案,获得政府批准。1949年,为保护和增强公园的自然美和为公众提供娱乐机会,英国议会正式通过了《国家公园与乡村进入法》,规定将那些具有代表性风景或动植物群落的地区划为国家公园,并由国家进行保护和管理,具体由当地政府执行。这是英国首次设立包括国家公园在内的国家保护地体系。1951年,英国建立第一个国家公园——峰区国家公园(Peak District National Park)。1977年,国家公园委员会(Council for National Parks)成立。1995年,《环境法案》出台,规定设立国家公园的目的是为了保护和增强公园的自然美、保护野生动物和区域文化;同时为大众提供了解和欣赏国家公园的机会。2000年,苏格兰国会通过《国家公园法》设立苏格兰国家公园。截止到2022年,英国共有15个国家公园,总面积占国土面积的12.7%。其中,英格兰有10个国家公园,威尔士有3个国家公园,苏格兰有2个国家公园。

2. 管理体系

国家公园涉及法律较多,如《乡村和道路权法》《规划和强制购买法》《当地政府和公共参与健康法》等都对国家公园管理、规划等方面有重要影响。这些法律会根据需要定期进行修订和更新,确保国家公园管理相关机构能依据保护需求制定决策。

最初的公园管理机构隶属于当地政府,成员来自郡(县)政府。1995年后,公园管理机构从政府中脱离,成为独立的管理部门。1997年4月《环境法案》颁布后,按照要求每个国家公园都成立了专门的国家公园管理局。国家公园管理局主要负责编制国家公园管理规划,为土地所有人提供土地利用管理框架和规划审批服务,协调和保障民众进入国家公园开放区域的权益。具体措施上,国家公园管理局会与土地所有者签订土地管理手续和公众进入协议;审批适合当地需要的、小规模的工业、商业和旅游开发;统筹建设停车场、饭店、露营区、游客中心等基础设施;出版导游手册、旅游指南、宣传册等材料,为游客提供国家公园的基本信息,以及举办自然科普培训班等社会公益活动。除了规划保护自然资源外,国家公园管理局还承担着保障当地社区社会经济福利的责任,避免因公园的保护工作给当地社区造成较大的经济损失。由于苏格兰、英格兰、威尔士具有相对独立的政治、经济体制,其国家公园的管理体制也各自独立,英格兰自然署(Natural England)、威尔士乡村委员会(Countryside Council of Wales,CCW)和苏格兰自然遗产部(Scottish Natural Heritage)是三个地区国家公园的主要负责结构,负责其领土范围内的国家公园划定和监管[209]。但在全国层面,英国的环境、食品和乡村事务部(DEFRA)对英国全境的国家公园有统一管辖权(图7-2)。

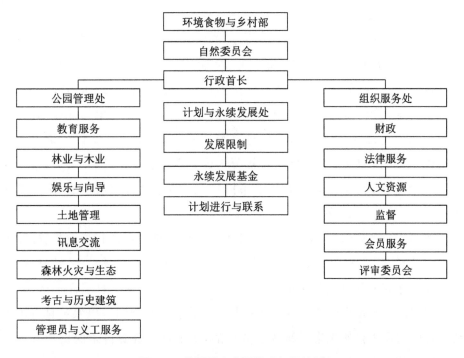

图7-2 英国国家公园管理组织编制

图源:https://www.nationalparks.uk

由于英国的土地私有制,国家公园内很多土地都是私人所有或归组织所有。因此,除公园管理局外,参与国家公园保护的还有志愿者、当地的农民、护林员等个人土地所有者及部分合作组织,如国家信托(National Trust)和林业委员会(Forestry Commission)拥有大面积的沼泽地和林地。由于公园管理局没有土地所有权,其管理权受到很大限制。在与多方利益相关者的协调中,公园管理局主要是提供交流平台和进行中间协调。

国家公园由中央财政拨款,但经济危机后,政府削减了对国家公园的财政支出,这种由中央政府财政拨款支持公园发展可持续旅游的模式被认为是效率低下的[210-211]。公园治理的质量直接影响公园的资源保护、生物多样性、景观的生态联通性以及公园的可持续发展等。伊戈尔斯(Eagles)提出八种不同的管治模式:公共与非营利结合的模式、非营利模式、传统国家公园模式、半国营模式等[212]。目前为止,国家公园管治作为一个较新的研究领域,如何达到高效优质的治理仍需继续探讨。

(三) 中国国家公园

1. 国家公园的概念

根据《中华人民共和国自然保护区条例》,自然保护区是指对有代表性(或有重要保护价值)的自然生态系统、珍稀濒危野生动植物物种的天然集中分布区、有特殊意义的自然遗迹等保护对象所在的陆地、陆地水体或海域,依法划出一定面积予以特殊保护和管理的区域。根据保护对象的特点,分为自然生态系统类、野生生物类和自然遗迹类 3 种。按照自然保护区的价值和在国际国内影响的大小,自然保护区被分为国家级自然保护区和地方级自然保护区两个级别,其中,地方级自然保护区又分为省级、市级和县级自然保护区。

按照《关于建立以国家公园为主体的自然保护地体系的指导意见》的相关标准,我国的自然保护地依据其自然生态系统的原真性、整体性、系统性,以及自然保护地的生态价值和保护强度可分为三类:国家公园、自然保护区、自然公园。国家公园是指由国家批准设立并主导管理,边界清晰,以保护具有国家代表性的大面积自然生态系统为主要目的,实现自然资源科学保护和合理利用的特定陆地或海洋区域[213]。

2. 国家公园的现状与发展历程

在由国家林业和草原局(国家公园管理局)统筹管理之前,中国自然保护地体系包括了自然保护区、风景名胜区、国家森林公园、文物保护单位、国家地质公园、国家湿地公园、国家城市湿地公园、水利风景区等共 13 个类别,总数达 1.18 万个,约占陆域国土面积的 18%。在过去的近 70 年里,自然保护地体系的建立在保护生态系统和保障国家生态安全等方面发挥着重要作用,但也存在保护地划定区域交叉重叠、多部门交叉管理权责不明、生态系统行政分割导致碎片化、土地权属复杂、社区人地矛盾突出、管理技术参差等问题[214]。

中国的第一个自然保护区——鼎湖山自然保护区于1956年成立。此后，中国开始全面建设和完善自然保护区体系。1982年，国务院审批公布了第一批国家级风景名胜区，同年在张家界建立了我国第一个国家森林公园——张家界国家森林公园。1989年国务院批准设立饮用水源保护区，以确保饮用水安全。2001年云南石林、湖南张家界等11个第一批国家地质公园命名通过。此后，有关部门根据行业特点和职责范围进行景观建设和管理，相继建立了国家湿地公园和海洋保护区（2005年）、国家矿山公园（2007年）、国家水产资源保护区（2009年）、国家考古遗址公园（2010年）、国家海洋公园（2011年）、国家水利风景区（2011年）、国家沙漠公园等自然保护地。2015年，10个省市开展国家公园体制试点，分别是：北京八达岭国家公园、青海三江源国家公园、浙江钱江源国家公园、云南普达措国家公园、福建武夷山国家公园、湖北神农架国家公园、湖南南山国家公园、大熊猫国家公园（陕西、甘肃、四川共建）、东北虎豹国家公园（吉林、黑龙江共建）、海南热带雨林国家公园。2017年，中共中央、国务院发布《建立国家公园体制总体方案》，加快了国家公园体系和制度的构建。2019年，《关于建立以国家公园为主体的自然保护地体系的指导意见》提出要"建成中国特色的以国家公园为主体的自然保护地体系，推动各类自然保护地科学设置，建立自然生态系统保护的新体制新机制新模式，建设健康稳定高效的自然生态系统"。2020年12月《国家公园设立规范》（GB/T 39737—2020）出台，明确了国家公园设立的国家标准，即满足"国家代表性、生态重要性、管理可行性"，并提出在2025年和2030年要分别初步和全面建成以国家公园为主体的自然保护地体系的目标。而《国家公园总体规划技术规范》（GB/T 39736—2020）、《国家公园监测规范》（GB/T 39738—2020）、《国家公园考核评价规范》（GB/T 39739—2020）和《自然保护地勘界立标规范》（GB/T 39740—2020）四项国家标准明确了国家公园保护和管理、规划等方面的技术方法，促进了统一、规范、高效的中国特色国家公园体制建设。2021年，国务院批复正式设立三江源、大熊猫、东北虎豹、海南热带雨林、武夷山等第一批国家公园，涉及青海、西藏、四川、陕西、甘肃、吉林、黑龙江、海南、福建、江西等10个省份，覆盖了我国生态安全战略格局的关键区域，保护区总面积达23万平方公里，涵盖近30%的陆域国家重点保护野生动植物种类。

7.1.3 国家公园中旅游的作用

国家公园是为保护一个或多个典型生态系统的完整性,为生态研究、环境教育和旅游活动提供场所,而划定的需要特殊保护、管理和利用的自然区域。国家公园不同于严格的自然保护区,也不同于一般的旅游景区。除了其保护生物多样性的首要目标外,还需推动对自然保护地的环境教育和考虑当地社区的需要,适度开展旅游活动以繁荣地方经济。

国家公园的职责明确规定要促进地方社会经济的发展,遵循可持续旅游的原则,但是要以生态为中心,遵循自然保护优先于发展的"桑福德(Sandford)"原则[215]。这一原则是根据1995年通过的Sandford公爵提案而命名的,反映了游憩和旅游活动的迅速发展对公园生态保护产生威胁的现象,也反映了英国"以生态为中心"的管理理念。《建立国家公园体制总体方案》和《关于建立以国家公园为主体的自然保护地体系的指导意见》中也将国家公园的游憩功能以制度形式确立下来。生态旅游是国家公园旅游中最常见的形式,但在具体实践中,不同国家差异较大。美国、英国等国家将生态旅游作为国家公园保护发展的手段之一[216],英格兰政府还为每个国家公园提供20万英镑的基金,用作可持续发展的研究项目,包括推广可持续旅游。而部分发展中国家在早期多将自然保护地的旅游作为地区经济增长点,反而加剧了对当地自然环境的破坏[217]。

从全球国家公园的发展经验来看,管理国家公园的第一步一定是"保护",发展国家公园生态旅游也应坚持严格保护,致力于探索可持续发展的路径[205]。在保护生态完整性的前提下,发展生态旅游为当地社区发展,甚至为反哺国家公园管理提供助力。《建立国家公园体制总体方案》明确国家公园要"建立财政投入为主的多元化资金保障机制,加大政府投入,推动国家公园回归公益属性"。国家公园也需坚持生态为民的原则,为全社会提供科研、教育、体验、游憩等公共服务功能;维持人与自然和谐共生和永续发展[218-219]。目前,国家公园体制建设已出台部分国家标准和规范,有利于生态旅游实践的有序开展,未来还应根据具体实践情况进行一定调整。

7.2 野生动物旅游

7.2.1 野生动物旅游发展现状

野生动物旅游是人类与野生动物互动的主要途径之一,包括多种活动,例如野生动物观赏和摄影、利用野生动物进行娱乐(如马戏表演)、以野生动物为基础的交通工具(如骑大象)、狩猎与钓鱼、参观动物园和水族馆以及参观保护区等[220]。早在19世纪末,狩猎活动就已受到欧洲贵族的青睐,狩猎也象征着欧洲贵族文化[221]。发展至今,狩猎活动已然成为一种重要的消耗型野生动物旅游活动——狩猎旅游。在20世纪80年代,环境保护意识为大众所接受,非消耗型的野生动物旅游被视为一种可持续发展的旅游形式,在世界范围内迅速兴起[222-223]。野生动物旅游快速发展,开始成为人类了解并接触野生动物的主要机会。

目前已有大量文献对野生动物旅游基础设施、旅游活动与自然资源间的关系进行研究[220-224]。既有研究主要沿着三个维度探讨野生动物旅游:一是野生动物旅游可以发生在圈养、半圈养或野生环境中;二是侧重对野生动物旅游的安全防护和娱乐方面的探讨,尽管大多数野生动物旅游场所都包括保护和娱乐两个方面,但它们对这两个目标的相对重视程度不同[225];三是野生动物旅游在传统意义上,被概念化为消费型或非消费型,非消费型野生动物旅游为不会永久改变野生动物的旅游活动,而消费型野生动物旅游为会导致野生动物死亡的活动,例如狩猎、诱捕和捕鱼[226]。

在世界范围内,野生动物旅游业的价值为450亿美元,年增长率为10%,预计将随着国际教育和消费者收入水平的提升而持续增长[221]。野生动物旅游业在部分国家,呈现出快速增长的发展态势。截至2006年,全球野生动物旅游次数约为1 200万次[222]。在英国,野生动物保护组织的成员不断增加,对野生动物园艺和喂养野生动物的关注日益浓厚;在中国,人们对野生动物的兴趣也逐步增长。全球对野生动物的报道与日俱增,可以预见未来野生动物旅游将会拥有广泛的吸引力,同时野生动物旅游也将从小众旅游体验转向大众旅游体验。

在对野生动物的了解愈加深入后,人们开始对野生动物产生迷恋,动物表演与令人难忘的和野生动物的遭遇均与拟人化的概念有关,此时栖息地可视为竞技场,而动物则扮演着演员的角色[227]。如加拿大观鲸活动,奥拉姆斯(Orams)观察到此类活动在全球近100个国家进行,包括南非、新西兰、加拿大等国家,估计价值约10亿美元[228]。随着旅游者对野生动物旅游的需求不断变化,野生动物旅游形式也从简单的观看圈养动物转向了体验式的野外观察,非消费型野生动物旅游形式被越来越多的大众所接受。

7.2.2 野生动物旅游的开发与保护

接近野生动物是一种独特而难忘的体验,人类几乎本能地追求审美愉悦和与"动物他者"的情感联系[229-231]。随着人们对以野生动物为导向的活动需求不断增长,目前已经开发出多种类型的野生动物旅游产品,以增加旅游者与野生动物深入接触的可能性,并且这类旅游活动多基于自然或生态旅游的形式。总体而言,将野生动物作为旅游景点参观,不仅满足了游客欣赏自然的愿望,为所在社区带来了经济利益,也在一定程度上起到了保护动物的作用。管理得当的前提下,野生动物旅游活动会对野生动物及其栖息地的保护带来积极影响,游客也能通过旅游活动获得真实的自然体验和正确的野生动物知识。但不当的野生动物旅游活动也容易带给野生动物消极的影响。目前,在保护动物物种与开发野生动物旅游之间仍存在分歧。

野生动物旅游通常被认为是一种能提高社会经济价值以及为保护野生动物提供支持的旅游发展机制。尽管旅游业确实具有促进野生动物保护的潜力,但同时也会对野生动物及其生存环境造成一定损害[232]。目前,已有大量文献揭示了人类不恰当的旅游活动对非人类动物保护和福利造成了负面影响;这些负面影响不仅限于地方社区的发展,还包括对野生动物等动植物资源的过度开发[233-234]。摩尔豪斯(Moorhouse)等人对24个野生动物旅游景点进行分析,发现每年旅游活动会对23～55万只非人类动物个体的福利产生负面影响,而由于对野生动物种群保护力度不足,数十万游客与野生动物会进行直接的互动,其中多数游客会支持野生动物旅游的开发[235]。

与野生动物旅游相关的风险还包括动物自然行为的改变、自然资源的枯竭、野生动物贩运,以及圈养野生动物以满足人类寻求刺激的体验等[236]。游客通常无法准确判断由其行为带来相关的风险,尽管大量的野生动物旅游景点对个体动物和濒危物种都产生了实质性的负面影响,但游客会忽视掉旅游活动对环境和动物福利的影响[237]。因此,在野生动物旅游开发过程中,要注意对游客行为的正确引导。生物多样性和健康的生态系统对全球的可持续发展而言至关重要,直接涉及人类福祉。因此,野生动物旅游需要妥善管理与合理开发,以促进公众对生物多样性价值的认识,为当地社区提供减少贫困和追求具有长期发展价值的生计机会,从而进一步促进自然资源的可持续利用。

7.2.3 面临挑战与应对策略

野生动物旅游的发展也面临着一些挑战,如动物伦理、非法狩猎或偷猎(也引起人类疾病的感染)以及人类活动对野生动物造成干扰等问题。

(一) 人和动物的冲突与生态补偿

野生动物和人类系统的相互作用机制非常复杂,旅游休闲和户外研究、环境保护科学以及野生动物生物学等各个学科的研究者都在探讨人类与野生动物互动的主题[238]。人类与野生动物的冲突是全球关注的问题,主要表现为人类与野生动物之间的负面互动,这种情况在保护区周围尤为明显[238]。如多尔(Dou)等人发现人类与野生动物相互作用的复杂性在一定程度上归因于所涉及的野生动物物种的多样性和可用的相互作用类型[239]。对于自然环境中的陆生野生动物,最频繁的互动行为包括远距离观察、拍照和接近,触摸和喂食动物等行为;而对于生存在海洋中的野生动物而言,则以乘船观赏活动为主,或通过游泳与潜水获得与动物近距离接触的机会。在野生动物旅游过程中,人类的部分行为可能会对野生动物造成伤害,但就生存空间而言,野生动物的活动范围也可能对人类造成负面影响。

人类与野生动物的冲突是保护区实现可持续生物多样性保护和社区发展的障碍,也是野生动物旅游发展不可避免的问题之一。旅游业通常被认为是缓解人类与野生动物冲突的一种方式,它让社区参与旅游以获得利益,从而改变社区居民对野生动物的敌对态度或改变传统生计方式[240-242]。旅游收益有助于改变当地居民对野生动物的态度,但由于不平等、不平衡、利益分配不匹配等问题[243-244],野生动物旅游发展仍面临着巨大的挑战。大多数保护区附近会有人类居住地的存在,居民的农作物为野生动物提供了额外的食物来源。

当保护地缺乏足够的食物时,野生动物便会入侵周边居民生活区获取额外的食物。

野生动物旅游景点开发及其活动的设计,需要更好地控制游客的行为以减少对野生动物的行为模式的影响。在旅游景点设计喂食野生动物活动时,需在专业人士的监督下提供食物,以此杜绝游客的非监管喂食活动[245]。此外,政府应对社区居民进行一定的生态补偿,建立专门的野生动物生态补偿项目,并按照维护生态平衡的原则,适当控制野生动物种群数量[246]。

(二) 动物伦理与行为规范引导

旅游业中的动物伦理研究备受关注,但实践中野生动物旅游开发与管理水平亟待提升。在过去的50年里,世界上超过60%的野生动物已经灭绝,超过1亿只动物被用来进行野生动物旅游景点的娱乐活动,超过10亿只"野生动物"被圈养,一些学者甚至认为地球已进入第六次大规模灭绝时期,即人类世的到来[247]。野生动物旅游因其保护物种[248]、保护生态系统[249]和提供可持续人类生计[250]的潜力而受到一些人的支持。但商品化野生动物的旅游活动,明显以人类为中心,以人类的经济收益为目的,忽视了非人类动物的权利、福利等[251-253]。伯恩斯(Burns)曾提出:"人类世的出现为人类提供了一个机会,让人们有机会思考如何在旅游环境中与动物互动,并在道德层面上重新评估这种互动活动中,人类应承担的责任"[251]。

生物多样性保护对于缓解人类世带来的负面影响至关重要[254]。虽然公众对动物与生态环境的保护意识不断增强,但关于生物多样性保护和非人类物种福利的研究框架和论述等仍然以人类为中心。目前,已有学者开始采用后人类主义的研究方法来消除"动物与人类"的鸿沟[252],通过制定后人类主义的、多物种的生计框架,来促进野生动物旅游实现可持续发展。既有政策中曾谈及野生动物的管理与开发,但这些政策往往有利于社会正义(人类生计),而不是生态正义(非人类的权利、福利以及它们的生存环境),导致政府对野生动物旅游目的地的执法不严,仍存在偷猎或破坏动物栖息地的行为。

未来,野生动物旅游发展需立足于生态与人文,发挥规范行为与引导价值的双重作用,促进野生动物旅游实现可持续发展。一方面,可以通过法律法规等进行直接控制,禁止或限制对野生动物有害的人类行为。同时,相关政策的制定应从经济收益为导向转变为人与自然和谐相处为导向,发挥政策对动物福利的保护作用。另一方面,可利用环境教育等进行间接控制,引导旅游者树立保护动物的生态环境意识。总而言之,野生动物旅游越来越受到大众的青睐,对于动物的保护与旅游开发的管理需要仔细规划。

7.3 乡村旅游

7.3.1 乡村旅游的概念、特征与发展

(一)乡村旅游的概念

乡村是人类文明的起源,是伴随着原生态自然环境的天然聚落,因此乡村旅游活动天然地与生态环境挂钩,很多乡村旅游资源和产品也符合生态旅游的定义。

理解乡村旅游,首先要理解"乡村"的概念。乡村与城市相伴相生,广义上来说城市化之外的地区都是乡村地区。学术上则可以从描述性、形态学和社会功能等多个角度来定义"乡村"。有学者认为,乡村是指城市以外的广大地区,在中国一般指县城以下的广大区域,既包括乡村居民点,也包括乡村的农田、森林、草原,是一个地域综合体,因此将其称为"乡村地域系统"[255]。近年来,有学者提出仅从产业结构、土地利用和行政区划角度来定义乡村并不全面,而应从地理学视角出发,通过乡村性质的强弱来界定乡村。在某种环境下乡村被定义为与城市聚落相对应的一种具有明显自然依托性和乡土特性的乡村性聚落[256]。在旅游层面,正是因为城市与乡村的人口和土地密度、建筑物数目与类型、社会文化和社会表征都存在着许多的不同,城市居民产生了前往乡村旅游的动机。

梳理乡村旅游理论体系,可以发现目前国内外学者对乡村旅游的概念界定尚未取得一致。一般来说,乡村旅游的英文表达是 Rural Tourism,即发生在乡村地区的旅游行为。在英语国家中,"乡村旅游"多为 Agritourism(农业旅游)和 Rural Tourism(乡村旅游)的总称,是以地方农业、农村自然环境和农村民俗风情三者为核心,建立在乡村空间环境和乡村生产关系上的特殊旅游类型。根据英斯基普(Inskeep)、迪甘(Deegan)和迪宁(Dineen)在《旅游规划——一种可持续的综合方法》等书中的看法,农业旅游(Agritourism)、农庄

旅游(Farm Tourism)和乡村旅游(Rural Tourism)等提法可以不加区分,相互替代[257]。而在东亚和东南亚地区,习惯上用"农业观光旅游"来代指乡村旅游。欧洲联盟(EU)和世界经济合作与发展组织(OECD)则对乡村旅游有最为宽泛的界定:发生在乡村的旅游活动都被纳入乡村旅游的范畴。

(二) 乡村旅游的特征

由于乡村旅游的复杂性、包容性和多样性,学术界对乡村旅游相关概念的解读也是大相径庭。但一般认为,乡村旅游的本质是乡村性(Rurality),这是乡村旅游吸引游客的基础,是乡村旅游营销的核心,也是界定乡村旅游的最重要的标志[256]。

"乡村性"翻译自英语中的Rurality,是由Rural(乡村)派生而来的名词,意指乡村之所以成为乡村的条件。根据空间生产理论,"村"是村民们在自然系统基础上创造的有利于其生存发展的、集生计系统、制度系统和意识系统等于一体的社会空间[258]。乡村性产生于乡村的生产、生活、生态等生存实践之中,并由此衍生出乡村的社会空间所特有的"思维方式、社会制度和行为准则"[259]。

乡村旅游展现了乡村性的价值。相比于传统的大众旅游产品,乡村旅游具有时间成本小、可达性高、费用低廉,以及受环境容量、气候、地理位置、地质等各种外部条件限制较少的优势。乡村旅游的游客普遍表现出理性、自律、重视环境保护等特征,以中短途旅游休闲为主。乡村旅游产品的打造门槛较低,游客参与性强,容易实现游客与居民的和谐互动。大部分乡村旅游在产品设计和市场推广上较为灵活,季节性不明显,从而能够满足旅游者"自我实现"的心理诉求。郭焕成等总结了乡村旅游的主要特点[256]:(1)乡村旅游资源丰富多样。乡村既有自然景观,又有人文景观,既有农业资源,又有文化资源;(2)乡村旅游分布体现地域特色。既有南北乡村之分,又有山地平原乡村之分,还有汉族和少数民族乡村之分;(3)游客参与度高。乡村旅游不仅是简单的观光活动,还包括劳作、垂钓、划船、喂养、采摘、加工等参与性活动,具有很强的参与性;(4)乡村旅游展现中国传统文化。中国农业生产源远流长,乡村劳作形式繁多,有刀耕火种、水车灌溉、渔鹰捕鱼、采药采茶,还有乡村民风民俗、传统节日、民间文艺等,充满了浓郁的乡土文化气息;(5)乡村旅游促进人与自然的和谐。乡村景观是人类在长期的适应自然、改造自然的过程中形成的景观。其"古、始、真、土"的乡土特点,使乡村旅游贴近自然、返璞归真。

(三) 乡村旅游的发展

19世纪,西方主要国家完成了工业化,乡村旅游逐渐在阿尔卑斯山脉和落基山脉地区兴起,并逐渐传播到其他农村地区。美国、英国、澳大利亚等国家都非常重视发展乡村旅游,将其视为促进乡村经济发展的重要产业。日本政府曾专门出台政策扶持乡村旅游产业发展,以替代日益衰落的林业、种植业和渔业。乡村旅游的发展,客观上使许多国家独特的地方文化得以保存,缓解了农村经济衰退带来的影响[260]。

20世纪60年代以来,乡村性的营造成为西方乡村旅游开发关注的焦点,也成为乡村旅游发展的理论核心问题,先后形成了"述性流派、乡土流派和社会建构流派"三种理论视角[261]。乡村性综合反映了乡村地区的发展水平,成为揭示和识别乡村内部差异以及乡村地域空间的重要指标[262]。研究表明,地域条件、社区参与、旅游资源基础、旅游产业本地化、可持续发展等指标能够综合反映乡村旅游的乡村性特征[263]。统计学上多以乡村性指数来说明乡村的嬗变和乡村化的程度。定量的方法包括衡量人口规模和密度、到城市的距离、商业化的数量及类别、基础设施和房屋类型的丰富程度等。定性的方法则可以通过景观学外观差异、土地使用情况和文化因素、居民观念以及人们的活动行为及规模来判定乡村性指数。从关系的角度来看,乡村性的衡量意味着乡村及乡村旅游的呈现是一个多维连续体[264]。

进入21世纪后,乡村旅游因为"生态环境作为资源"与"旅游促进经济发展"二者之间的矛盾,面临一系列开发、建设的问题。首先是旅游与乡村发展之间存在的隔阂,乡村旅游总是伴随着低附加值产业和低技能技术类型的劳动力的产生,在很大程度上加剧了作为资本投资的城市与作为旅游目的地之间的乡村之间的差异[265]。其次,乡村旅游的外部性改变造成了其独立生存的困难和现实需求的脆弱性,乡村实现可持续发展的根基极易受到作为城市的客源地市场的影响。但不可否认的是,乡村旅游在保障农村发展,实现生态环境优化的同时还具有实现区域协同发展、促进乡村整体繁荣的能力,大量的针对地方社区体系的乡村旅游投资将成为整个区域内部经济发展的驱动力量。

在实现社会主义强国建设和促进全面小康的新时代,乡村旅游成为实现乡村振兴与城乡平衡发展的重要工具。随着城镇化进程不断加快,城乡二元经济结构被打破,乡村进入社会经济转型期,产业结构和功能定位日益多元化。乡村旅游以乡村地区作为旅游空间,利用乡村独特的自然环境、田园景观、生产经营形态、民俗文化风情、农耕文化、农舍村落等资源,为城市游客提供观光、休闲、体验、健身、娱乐、购物、度假等旅游休闲活动。这其中既包括乡村观光农业旅游,又包括乡村民俗文化风情旅游,还包括乡村休闲度假旅游和乡村自然生态旅游,是具有区域性和综合性的新型旅游业态[266]。

7.3.2 我国的乡村旅游与生态文明建设

(一) 乡村旅游与生态旅游的关系

生态旅游作为实现地区可持续发展的旅游类型,与乡村旅游有着很大的相似性和兼容性,因此生态旅游一直是乡村旅游研究重点关注的业态[267]。

生态旅游不仅能够体现乡村旅游的生态性,也是实现乡村生态和生活环境保护的最有效路径[268]。优良的生态环境是乡村旅游发展和盈利的基础,而乡村地区开展的绿色旅游、低碳旅游等旅游形式则拓展了生态旅游的内容。在保护生态的前提下发展乡村旅游,有助于挖掘乡村的生态内涵,提升乡村旅游的生态品位,营造独特的乡村生态文化[269]。从可持续发展角度看,乡村旅游能够有效促进乡村生产方式和生活方式的转型升级,提升生态质量,改善人居环境,实现生产、生态、生活的共赢。

乡村旅游与生态旅游共享旅游资源。乡村的生态景观是乡村旅游发展的主要吸引力,乡村生态建设的目标之一是实现乡村生态景观的旅游可视化和情景化[270]。在我国旅游资源体系中,乡村是构成乡土文化的地理背景,是发展旅游业不可缺少的组成部分。乡村有着丰富的、天然的旅游资源,如奇峰异岭、河流水库、田园牧场、风俗人情,以及名胜古迹、地方特产和民间工艺等。而生态资源的可持续利用是发展乡村旅游的基础,农事活动、人居环境、农耕文化等给人以美的享受,对游客具有吸引力。发展生态旅游能促进乡村营造良好的生态环境,提供便捷的交通条件,展现整洁的村容村貌,成为发展乡村旅游的重要保障[271]。

乡村旅游与生态旅游的内容也高度兼容[268],作为传统的乡村旅游活动,徒步、拜访历史遗迹、户外野餐、观光、钓鱼、休闲等活动都符合生态旅游的要求,同时,乡村旅游业态也出现了新的内容,诸如冰雪运动、山地自行车,野外探险、极限运动等新的旅游形式对环境有极高的要求,也成为了不同生境下生态旅游的组成部分。从图7-3可以看出,乡村旅游具有文化、自然和历史特征,生态旅游作为乡村旅游的自然特征而存在,为乡村旅游提供全方位的乡村生态系统和生态环境链条。

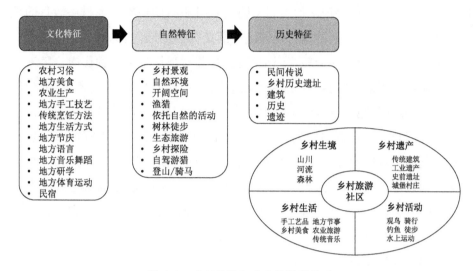

图7-3 乡村旅游与生态旅游的关系

图源:玛丽娅-伊拉娜(Maria-Irana)[268]

(二)乡村旅游促进生态文明建设

当代的乡村旅游以多功能、多角度融入乡村生态环境,促进生态文明的建设。首先,乡村旅游具备促进乡村生态宜居的功能。在城镇化转型初期,乡村旅游的快速发展带来的"反生态"问题制约着乡村的城镇化进程,乡村旅游的生态化转型是乡村新型城镇化的现实导向[272]。如今乡村旅游秉持着以青山绿水为基、乡土景观为韵、文化和谐为魂、美丽宜居为本的发展理念,已然成为促进美丽乡村和生态文明建设的重要抓手[273]。发展乡村旅游能够改善乡村人居环境、活化乡村生态资源、提升居民的生态环保意识、健全乡村生态文明制度,推进乡村生态经济和文化建设[274]。

其次,乡村旅游是生态文明建设的重要路径。乡村旅游引导着乡村"生产、生活、生态"空间的重构[274]。"生产、生活、生态"空间反映了乡村地域系统的功能分异,乡村旅游改变了乡村"三生"空间格局。作为一种新兴动能,乡村旅游的发展带来了资本、人才、信息、技术、管理等要素的涌入,打破了乡村原有的聚居格局,改变了乡村生产生活方式和聚居环境,盘活了乡村发展要素,优化了乡村空间结构。

由此可见,我国的生态文明建设和乡村旅游两者互相联系,相互促进。生态文明建设是中国特色社会主义事业"五位一体"总体布局的重要方面,是处理人和自然关系的指导理念。生态文明是乡村旅游的根本。乡村旅游目的地在满足旅游者吃、住、行、游、购、娱等诸多消费需求的同时,提升了乡村的经济效益和社会效益,但也在消耗着当地的资源,并对环境造成负面影响。随着大众旅游时代的到来,当前乡村旅游存在过度开发、环境污染、监管不力、缺少特色、品牌不强等问题。乡村旅游亟须解决好这些问题,才能持续健康发展。由于生态文明和乡村旅游的发生地在乡村地区,两者均受到当地资源、环境、社会和文化的多重影响,因此两者互相关联。同时两者可以相互促进,这源于生态文明建设可以为乡村旅游的发展提供生态理念的引领,并提供更好的发展条件,而乡村旅游的发展也为生态文明建设的推进提供物质条件和外部驱动力,进一步促进其与自身、自然、社会的和谐共生[275]。

(三) 乡村旅游与乡村振兴

乡村旅游是乡村振兴的重要路径,乡村振兴作为新时期我国"三农"工作的总抓手,其最终目标在于实现我国农村社会经济的全面现代化,破解当前城乡发展不平衡、不充分的矛盾。而乡村旅游作为乡村经济发展的有效抓手,有助于发掘乡村的生态环境价值,实现乡村价值多样性[276]。

乡村旅游有利于优化乡村产业结构,振兴乡村经济,在经济发展和社会结构变迁的背景下,发展乡村旅游有利于优化农村产业结构,增加农民收入;同时发展乡村旅游也促进了对乡村森林、草场、湿地等生态环境的修复,提升了乡村的生态环境质量。

乡村旅游也是实现乡土文化传承和发展的重要抓手。乡村旅游重新发掘了乡土文化的价值,通过旅游活动反哺了乡土文化保护,乡村居民对文化的传承和开发为乡土文化的发展注入了新的活力。

7.3.3 乡村环境中开展生态旅游的形式与业态

(一) 乡村资本:乡村生态旅游的基石

乡村资本是一个含义广泛且拥有众多内涵的概念,其中主要内容有乡村的结构、村庄和集镇,乡村的自然资本包括自然环境、野生动物种群等;乡村的建设资本包括乡村建筑等;乡村的社会资本包括乡村文化传统等内容。乡村旅游企业和目的地在不同程度上利用乡村的这些特征,吸引游客来到乡村,提供游客满意的体验[292]。根据加罗德(Garrod)等人关于乡村资本来源构成要素的研究结果(图7-4),乡村资本涉及以下的内容:

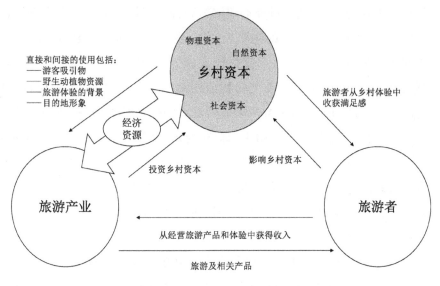

图7-4 乡村资本来源的构成要素

资料来源:加罗德等(Garrod et al.)[277]

➢ 景观,包括海景;

➢ 野生动物,包括动物和植物;

➢ 生物多样性;

➢ 地质和土壤;

➢ 空气及空气质量;

➢ 灌木篱墙和田野的边界;

➢ 农业建筑;

➢ 农村居民点,从偏僻的民居到集镇;

➢ 历史风貌,如历史建筑、工业遗迹等;

➢ 路轨、小道、马道、车道和道路;

➢ 小溪、河流、池塘和湖泊;

➢ 水质及水质;

➢ 森林、森林和种植园;

> 特色鲜明的风俗、语言、服饰、食品、工艺、节日;

> 传统、生活方式。

总的来说,乡村资本或乡景是乡村旅游活动的客体,是激发和吸引游客前往乡村,满足其愿望的旅游吸引物体系,是乡村旅游发展的物质基础和重要条件。景观学派认为,可以把乡村资本理解为一种"风景"式的地貌景观,而风景指"生活在某一个地方的人群的物质表达"。乡村风景包含了自然、人工元素和本土居民的生活方式,作为在特定区域表现美感的时空综合体,乡村资本是地理景观的一部分,也是由人类文化构成的地理综合体,它是由乡村自然山水、田园、村落与活动等元素组合所形成的具有整体视觉感和一定空间尺度的地域单元,同时拥有土地、农业、山水、林田、村落等元素,彼此相互制约又相互利用,成为人类学意义上的乡村生态[278]。

在人文地理学的意义上,乡村资本由物质景观、行为景观和精神景观构成,包含乡村自然环境和依托这一环境创造的一切有形物,这些有形物是一定技术条件下人与自然不断适应、改造和创造的结果,反映了某一时期村民的思想意识、价值观念、审美判断和科技水平。在风景园林学的意义上,乡村资本由地貌、水体、乡路、场地、植物和建筑六个基本要素构成,地貌构成了乡村景观的骨架,不仅影响着乡景的美学特征,还制约着人们的生产和生活方式,水体则是乡村资本特有的丰富和立体的灵动元素,乡路不同于城市道路,是村民生产生活相结合的联系网络;场地是乡村公共开放的空间,而植物给予了乡村资本以生命活力,乡村建筑提供了乡村观赏和旅游公共服务的具体场所[279]。

(二) 乡村生态旅游的开发模式

乡村生态旅游的开发模式可分为功能创意、过程创意和主题创意,通过乡村景观和建筑、体验活动和产品创意实现创意开发。乡村旅游的全域化、特色化和精品化,伴随着融合发展、新业态、新产品和新模式的层出不穷,最终实现乡村旅游到乡村生活的绿色发展新理念[280]。

具体来说,乡村旅游将物质业态转化为精神业态,通过农业与旅游业的融合,提升了农产品的附加值,丰富了旅游业的内容,使二者都具备了创意的火花和闪亮点。乡村旅游的业态创意十分丰富,具备农业观光旅游、休闲旅游、体验旅游、农产品旅游、农耕旅游、植树造林旅游、观光果园、农艺园等多种形式,动态演进的特征明显。主题鲜明、注重文化内涵的旅游体验令游客难以忘怀,在稀缺化的旅游产品与服务供给的过程中,通过核心竞争力和旅游体验产品开发,强化互动参与和感官体验功能,打造具有特色体验场景的乡村生态旅游产品。

(三) 乡村生态旅游的业态

近年来,随着人民生活水平的提高,伴随着乡村旅游的迅速发展,乡村旅游与生态旅游相结合,诞生了一系列引人注目的新业态。在我国,乡村露营、庄园经济、国家农业公园和乡村旅游综合体等类型成为乡村旅游与生态旅游相结合的代表[281]。

休闲农场是自20世纪80年代发展起来的休闲农业形态,依托山林、田园、湖泊、溪流、水库等自然景观资源,集生产、加工、经营、观光、娱乐、运动、住宿、餐饮于一身,休闲农场相比其他旅游形式与农业的结合更为紧密,除了一般的体验型景观和农业体验之外,更加注重空气质量较好、生活方式随意的乡村环境。休闲农场在我国自20世纪80年代从台湾开始萌芽,代表性的项目有大湖乡草莓文化园、泰安温泉游览等,而我国大陆现代的休闲农场则经历了家庭农场到集体休闲农场的迅猛发展阶段。

乡村露营提供了随遇而安、悠闲自得的新乡村空间。通过露营人们可以远离城市喧嚣,放松自我,更好地亲近自然。在国外,乡村露营来源于古代民族对于自然和历史的崇敬,现代乡村露营则源于19世纪的北美,这种旅游活动与国家公园的发展和开发相伴相生,同时汽车和自驾旅游的发展把乡村露营推向了一个新阶段。我国的乡村露营运动尚处于起步阶段,未来随着乡村露营目标市场的精准定位,乡村露营的多样化和规范化、房车露营地的发展等,将成为更有潜力的旅游市场。

国家农业公园的形式则更加五花八门,作为一种将农业和旅游产业相融合的新兴高端产业,受到了业内外人士的广泛关注。目前来说,国家农业公园一般理解为一种具备休闲观光功能,融合地方文化、特色创意与高效农业为本的乡村旅游综合体,是一种组织形式先进、管理模式健全、运营主体参与性强的农业旅游项目。国家农业公园的体制与试点同国家公园体制的总体方案一样,尚处于探索阶段,随着国家公园试点编制与管理办法的实施,国家农业公园的探索也将更加制度化、专业化。

最后,乡村旅游综合体作为乡村旅游休闲产业的集群和综合服务单位,其核心功能将促进城乡统筹和乡村旅游的完美衔接。乡村旅游综合体具备功能复合性、效益综合性、要素系统性、形式美学性、产业规模性和城乡融合性的特点,不仅有利于社区居民和乡村旅游产业集群的发展,更有利于实现绿色生态型的旅游城镇化,注重环境保护和改善,落实对生态环境的高要求。

7.3.4 典型乡村生态旅游案例

(一) 浙江德清莫干山

莫干山地处浙江省湖州市德清县,原本是靠山吃山的穷乡村,产业以低、小、散企业为主,2005年莫干山镇率先在全省实施了生态补偿机制,启动了"生态立镇,旅游强镇"的发展战略,依托莫干山的名山效应,大力发展精品民宿、农业休闲、户外运动等产业,按照"原生态养生,国际化休闲"的理念逐步培育了多元的度假产业格局,打造成了海内外知名的国际乡村旅游度假目的地。截至2019年,莫干山镇登记在册民宿690多家,床位11 300个,其中高端民宿和度假酒店130多家,2018年接待游客人数260多万人次,实现旅游收入近25亿元。莫干山镇先后获得全国美丽宜居小镇、首批中国特色小镇、首批省级旅游风情小镇、中国国际乡村度假旅游目的地等荣誉称号。

莫干山镇实现乡村旅游发展的秘诀之一,就是保护绿水青山,守牢生态底线。莫干山镇始终坚持习近平总书记提出的"绿水青山就是金山银山"的发展理念,用3年时间关停了100多家涉水排污企业和108家家畜养殖场,为绿色产业的发展奠定了基础。通过山区污水零排放和推动生态规范化管理,将生态资源转化为旅游资源。结合全域美丽大花园建设,积极推进"美丽细胞"建设,融美丽庭院、美丽菜园、美丽田园、美丽步道、美丽河道、美丽水库、美丽森林建设于一体,形成全域美丽景观带,夯实生态环境作为乡村旅游的发展基础。

(二) 江苏南京黄龙岘

黄龙岘金陵茶文化旅游村位于南京市江宁区牌坊社区,共有茶农52户,茶园2 600多亩,东临战备水库,西接牌坊水库,周边20公里范围无工业污染源。2012年由江宁区政府规划,2013年江宁交通建设集团和江宁街道共同开发、建设,2014年以来先后获得中国最美休闲乡村、中国乡村旅游模范村、南京最美乡村、中国最美宜居村庄等多项荣誉,2019年景区接待游客数达到235万人次,实现旅游收入1.8亿元。

黄龙岘位于"江宁西部田园乡村大环线"的核心节点,是南京市近年重点打造的"美丽乡村生态循环线"。依托江宁西部的龙山、直山等山脉,着重塑造生态空间生活化,将生态空间有机融入生活范围,坚持"一村一品、一村一韵",不搞大拆大建,在原有村庄形态上改善居民生活条件和乡村环境。例如,茶缘阁驿站是一座乡村客栈风格的建筑,不仅为游客提供了品茶聊天的场所,更成为了居民日常议事、社交的一部分。生态空间通过村镇布局的优化规划和涉农部门的资源整合,形成错落有致的"田园牧歌式"生活。黄龙岘三面环山,周围竹林、茶园密布,生态空间在低密度控制下成为游客可进入的新的生产空间。在以生态旅游为导向的现代农业园区中,"种植加工—经营销售—文化休闲"的茶产业链得以重塑。

(三) 江西婺源篁岭

篁岭村位于婺源县江湾镇,至今已有600年的历史,是婺源独具风格的徽派古村落之一。村内可用地十分稀少。由于篁岭村村民的生产生活资料大部分在山下,交通极为不便,秋冬季节生活又严重缺水,在政府的鼓励下,村民在1993年和2002年进行了两次大规模的集体搬迁。婺源县采取旅游扶贫的方式对该村庄进行保护性开发,2009年,引入乡村文化发展公司,使得古村的旅游资源得到了有效保护和利用,2010年以后逐渐发展成为"中国最美乡村"。

从生态效应来看,婺源景区的企业运营管理模式和"生态入股"的发展理念,打破了以往景区一次性买断乡村资源经营权的传统发展模式,创新地采取了"公司+农户"的形式,景区和农户结成农村经济合作者,将村庄的生态资源纳入资本,并将农民的山林、果园、梯田等资源进行要素流转,实现了企业与农户"共同入股、共同保护、共同开发、共同受益"的可持续共建模式。村民由"庄稼户"变为公司"造景工",实现了生态入股、红利共享的共建模式。

(四) 云南元阳阿者科村

阿者科村位于元阳县新街镇,是红河哈尼族彝族自治州的山区地带,平均海拔1888米,年平均气温14摄氏度,是世界文化遗产红河哈尼遗产区的五个申遗村寨之一,位于梯田遗产的核心区。2018年,以建设阿者科原生态文化体验村落为目标,以中山大学研究团队的《阿者科计划》为蓝图开展了内源式集体企业发展的生态旅游路径。

阿者科村打造参观游览、农事体验、文化展演为一体的综合性文旅产品，将整个村落的原生态人文景观系统打造成旅游观光产品，而非只是简单的民居建筑景观。将村落附近的梯田、森林等景观串联，打造成集野菜采摘、植物科普、哈尼草药辨识为一体的综合性旅游体验产品。阿者科的发展模式采取内源式村集体企业主导的开发模式，形成了村庄内部人员发展和保护主体共有的可持续发展模式。阿者科自然生态环境良好，村寨南部有保育完好的森林，河流沟渠顺应自然地形从南向北，在阿者科形成较为完整的森林、水源、村寨、梯田四要素同构的生态系统。良好的生态环境和传统文化保护措施使得阿者科实实在在地实现了村貌改观和真金白银的分红收入。

（五）英国芬德霍恩生态村

1962年，芬德霍恩生态村（Findhorn）建立，其位于英格兰北部，是世界生态村的典范，每年接待14 000多人来此学习和体验。芬德霍恩村通过整体生态村的建设，包括生态住宅、绿色能源系统、节水系统和污水再利用系统、自给自足的有机种植、定期的生态教育与公共空间等吸引了来自全球70个国家的游客参观、游览和灵修。

芬德霍恩村的经营之道首先体现在处处秉承生态理念的建筑，这类建筑独具特色，不仅采用了"会呼吸的"特色建材，而且保证了阳光充足，将环保理念发挥到了极致。其次，芬德霍恩以环保系统作为生态村的技术支撑，采用了生态种植、风力发电、碳平衡、废水回收系统等措施，促进了整个生态村的资源再生和技术推广。最后，芬德霍恩村的成功还在于专注生态IP，包容文化多样性。各类静心课程、专注永续生活的日常冥想活动带给了芬特霍恩"灵性社区"的称号。生态村的理念已经在当地居民中深入人心。

（六）荷兰羊角村

荷兰是一个农业强国，不仅体现在他们的农业出口上，荷兰乡村旅游的生态性也独具特点。羊角村就是乡村旅游实现生态创意开发的典型之一。羊角村的居民原本是13世纪迁来定居的一些方济会修士，他们为运输煤泥开凿了水渠。1958年的电影《吹牛》使得羊角村开始闻名世界。羊角村的居民大多住在私人小岛上，平时的交通工具是平底船、小舟或皮艇，176架桥纵横交错搭建在运河上方，桥身大多是木质结构。羊角村还有很多供骑车和步行的幽静小路。这些构成了羊角村独特的农业生产、自然景观保护和旅游休闲模式。

羊角村规划的旅游休闲区被限制在几条水道、两个重要湖泊及邻近的村落中,不会影响其农业的发展。土地开发将农业、生态保护、旅游休闲用地分离,实现了地域上的分区化和产业上的专门化。羊角村拥有良好的生态条件,至今仍保持着美丽的自然风光。没有汽车,没有公路,只有纵横密布的河网和176座连接各户人家的小木桥,整个乡村就是一个公园、一个田园社区,被誉为"荷兰威尼斯""人间仙境",现在每年吸引不少于50万人次的游客量。

第八章 生态旅游前沿热点

随着生态文明建设的推进,生态旅游必将成为旅游业发展的重要方向,本章将从生态旅游与气候变化,以及大数据这两个当前核心热点出发,阐释当前研究现状,关注未来的挑战与启示。

8.1 气候变化与生态旅游

8.1.1 气候变化概述

以全球气温升高为主要特征的气候变化已成为当今社会面临的最重要风险之一。气候变化带来了海平面上升、气温升高、荒漠化加剧、自然灾害频发等问题,对人们的安全构成了直接威胁。从目前全球日益增多的灾难性气候事件来看,气候变化形势不容乐观[282]。造成全球气候变化的原因有多种,而人类活动是主要的方面。自工业革命以来,人类活动和气候变化对地球系统产生了前所未有的冲击[283]。城市快速发展、化石能源开发以及土地不合理利用等人类活动是造成气候变化的主要原因[284]。政府间气候变化专门委员会(IPCC)在《气候变化2021:自然科学基础》报告中指出,2001—2020年这20年间全球地表气温平均上升0.99℃[285],其中2011—2020年全球地表气温平均升高1.09℃[286]。全球气温上升是气候变化的主要体现,而气候变化的影响也已波及到水圈、生物圈、冰冻圈,造成极端天气等问题。已有数据表明,1970年以来,地球气候处于快速升温的阶段,温度上升态势显著,20世纪初开始,全球海平面上升幅度为近三千年来最快。

自 20 世纪 80 年代以来,全球气候变化已成为科学领域的重要研究课题之一[287]。随着全球气候变暖,生态系统也相应发生了变化。如海平面上升,全球变暖影响热带风暴轨迹和温度,易形成极热/寒冷的天气,热浪风险增加,积雪面积收缩进而造成大部分冻土层融化深度增加,海平面范围缩小等变化。气候变化影响着人类生活的方方面面,可能会给未来人类带来巨大风险与灾难,如热岛效应[288-291]、降水分布不均[292-293]、风暴等极端天气[294-296],进而影响人类的身体健康、生活安全,造成水资源短缺等问题。数据表明,极端天气带来的强热浪会提高心血管或脑血管等疾病在老年人中的发病率,最终导致死亡率上升[297]。居住在沿海附近的居民,会因为海平面的上升,而受到洪水泛滥、海岸侵蚀等问题的威胁。据统计,长三角地区的居住地如果不加高海堤高度可能会因溃堤而被淹没[298]。一些适合人类饮用或生活的淡水资源会因为气候变化而变质,使得部分地区缺水情况更为严峻。总而言之,全球气候变化与人类生活息息相关,气候问题不容小觑。由于地理区位、自然环境、历史气候等因素相异,不同地区的气候变化形成原因也各不相同。有学者预测未来几十年里,撒哈拉以南非洲、中东、南亚和东南亚等地区将会受气候变化影响,导致大规模洪水、粮食短缺、水危机等问题。而在印度尼西亚、菲律宾、越南、缅甸和泰国等国家,约 1/3 的人口将生活在被洪水影响的沿海地区[299]。

随着公众对环境保护意识的增强,全球在应对气候变化问题方面也采取了多种举措(表 8-1)。中国也做出了多种应对措施(表 8-2),并提出了"双碳战略",力争于 2030 年前达到二氧化碳排放峰值,于 2060 年前实现碳中和[300]。气候变化问题的解决需要长期的努力,全球各国应联合起来,共同解决气候问题。

表 8-1 部分国家和组织气候变化相关政策或措施

年份	单位	政策	主要内容
1992 年	联合国	《联合国气候变化框架公约》	明确指出"在政策及行动中,将气候变化考虑进去,并采用影响评价来尽量减少其对经济、公共健康和环境质量产生的不利影响"
2001 年	欧盟	《计划和规划的环境影响评价》	明确要求成员国实施战略环境评价必须充分考虑气候因素的影响

(续表)

年份	单位	政策	主要内容
2004年	英国环境变化研究所	《战略环境评价与气候变化:使用者指南》	规定了战略环境评价(SEA)中对气候变化因素的评价内容,并详细介绍了气候变化如何融入SEA的现状描述、指标选择、预测分析和减缓措施等技术全过程
2006年	澳大利亚	《气候变化影响和风险管理——企业和政府指南》	将气候变化影响与战略规划进行统筹管理
2013年	欧盟	《将气候变化和生物多样性纳入战略环境评价的指南》	要求将气候变化和生物多样性纳入环境评价体系,在战略规划与项目中充分考虑这些因素
2019年	加拿大	《气候变化战略(草案)》	指导联邦层面在进行环境影响评价时考虑项目温室气体排放水平及其应对气候变化的能力

资料来源:笔者整理

表8-2 我国有关气候变化政策

年份	政策	主要内容
2003年	《规划环境影响评价技术导则(试行)》(HJ/T 130—2003)	明确要求关注全球气候变化的因素,将减少温室气体和气候变化灾害纳入了评价目标
2009年	《规划环境影响评价条例》	1)规划实施可能对相关区域、流域、海域生态系统产生的整体影响; 2)规划实施可能对环境和人群健康产生的长远影响; 3)规划实施的经济效益、社会效益与环境效益之间以及当前利益与长远利益之间的关系
2011年	《国家环境保护"十二五"科技发展规划》	开展有关"基于温室气体排放控制的环境影响评价方法的研究"
2021年	《关于统筹和加强应对气候变化与生态环境保护相关工作的指导意见》	提出推动评价管理统筹融合,将气候变化影响纳入环境影响评价

资料来源:笔者整理

8.1.2 气候变化与旅游业的关系

气候变化将影响经济的各个方面,旅游业也不例外[301]。旅游业的发展与气候变化之间相互影响,气候变化将影响旅游业的发展,同时旅游业也是造成气候变化的原因之一。二者可能形成恶性循环,因此需要在旅游业中推动减缓气候变化的相关措施,这也会促进旅游业的可持续发展。

(一) 气候变化对旅游业的影响

气候变化将会或已经对生态旅游目的地的发展产生不利影响,生物多样性丧失便是表现之一。对于特定的生态系统而言,气候变化会对生态旅游目的地造成直接的影响,如陆地层面,气候变化已影响到苔原、北方森林和山区等地,由于降雨量减少而形成地中海型生态系统,热带雨林的降水量也随之减少;对于沿海地区,由于受到多重压力,红树林和盐沼等恢复力变弱,沿海地区对于自然干扰、生境破坏和生物入侵的抵抗能力变弱;对于海洋地区来说,珊瑚礁数量不断增加,海冰生物群落也因为气候变暖而变得敏感脆弱。20世纪中后期,气候变化对依托自然为核心吸引力的旅游目的地产生了重大影响。这也引起国内旅游学者对气候影响旅游活动的关注。本节以冰川旅游与观鸟旅游为例,探讨气候变化对旅游业的影响。

1. 冰川旅游

冰川旅游景观受气候变化影响显著,气候变化亦是冰川旅游研究中最受研究者关注的问题之一[302]。从旅游景观变化层面而言,气候变化带来的全球变暖问题,从短期来看,会因冰川的消融而形成冰蚀湖、冰蘑菇、冰洞等小型地貌形态[303],这些地貌形态可以增添冰川旅游地的地貌多样性[304],在短期内可弥补冰川消融带来的部分损失。但长期来看,冰川的不断消融会导致冰川旅游目的地的最终消亡[305]。

从旅游需求层面而言,随着旅游者逐渐意识到气候变化会导致冰川消融等问题,一定程度上会刺激旅游者前往冰川等旅游目的地进行访问。而气温变暖的现象也会提高旅游者的舒适度,吸引更多徒步旅游者进入高海拔或冰川地区进行旅行[306]。但是气温上升,会导致冰川退缩和冻土层消融等问题[307],这也会给旅游者带来安全隐患,游客感知也会发生变化。

从旅游供给层面而言,全球变暖直接导致冰川面积缩小,旅游目的地运营商与管理者不得不考虑目的地转型问题。如新西兰奥拉基/库克山国家公园的塔斯曼冰川(Tasman Glacier, Aoraki/ Mount Cook National Park)便用乘船探险等自然探险活动替代了传统的徒步活动[308]。

2. 观鸟旅游

气候变化对旅游活动产生的影响主要包括两大方面:一方面是物候期发

生改变[309-310]，这会对旅游经营以及旅游者出行的时长产生影响[311-312]；另一方面是气候变化引起动植物的空间分布格局变化[313]，其中气候变暖对鸟类的迁移路线、繁殖地等影响尤为显著[314]，而鸟类的迁移活动直接影响到观鸟旅游点存在与否[315]。

气候变化对观鸟旅游的影响体现在时间与空间两大方面。春、夏两季，鸟类会提前抵达或飞离栖息地，而秋天的物候期变长，鸟类在中国低纬度地区和西部地区的停留时间也会延长[316]。随着全球气温升高，中国观鸟旅游地主要呈现出向北或向西迁移的特征。这种时空上的变化会使得部分观鸟旅游地经营时间变长，但同时也会造成部分观鸟旅游点有不复存在的可能。

（二）旅游业对气候变化的影响

旅游业作为人类活动之一，是温室气体排放的重要来源。一些能源密集型的旅游产业，会在运输、住宿和活动上产生相对较高的碳排放。如航空旅行占度假碳足迹的60%～95%，在塞舌尔地区约占97%[317]，与此同时航空运输仍将以每年5%～6%的速度增长，其中17%的航空旅行占旅游业全部二氧化碳排放量的40%[317]。因此，与温室气体排放相关的环境政策将影响旅游业的流动性，可能会造成更高的运输成本，航空旅行会受到一定的限制。而由于旅游业的流动性较强，相较于发达国家而言，环境政策将会对发展中国家产生更大的影响。

2007年关于气候变化和旅游业的达沃斯宣言提出："整个旅游业将气候变化视为可持续发展和21世纪千年发展目标的最大挑战之一"[318]，并强调需要减少旅游业的碳排放。作为最大的旅游商业组织之一，世界旅游理事会（WTTC）于2015年确定"未来20年，旅游行业会充分将气候变化及相关问题纳入商业战略，支持全球向低碳经济转型，同时需加强地方层面抵御气候风险的能力。"[319-320]多地承认气候变化的挑战，并承诺建立一个低碳、适应气候变化的旅游业，但旅游业的温室气体排放量仍在继续增长[320-322]。这主要是由于旅游行业持续强劲的增长态势，国际游客人数从1950年的2 500万增长到2016年的12.45亿[323]，而大多数与旅游相关的碳排放与旅游目的地交通有关。预计到2030年，旅游业将以每年3.3%的平均速度增长，到2030年全球将有18亿国际游客进行旅游[323]。据估计，旅游的强劲增长趋势将推动碳排放量在2010年至2050年间持续快速增加[300]。

气候变化正在发生,限制进一步的气候变化对旅游业的未来发展至关重要,旅游业需要为减缓气候变化作出与其他部门相当的贡献,发挥技术与气候治理在减排方面的作用与潜力,调节旅游业持续快速增长、气候变化加速与全球经济受气候破坏之间的矛盾。旅游业需要遵守政府在未来应对气候变化时可能颁布的新法规和政策,减少碳足迹,缓解气候变化。

8.1.3 生态旅游的困境

在世界旅游组织(UNWTO)第二届"全球变化与旅游"国际会议提出"气候变化是对旅游业可持续发展和21世纪千年发展目标构成最严重威胁的因素"之后,以人与自然和谐相处为宗旨的生态旅游应运而生。气候变化对生态旅游产生的影响,同时也作用于旅游者的生态旅游行为。郑杰、张茹馨等研究者发现,气候变化感知对生态旅游行为具有显著的正向影响,同时通过生态旅游认知、态度和满意度间接影响生态旅游行为[324]。温度上升为旅游者提供了更多的出行机会,但气候变化也给生态旅游发展带来了挑战。

相对于其他旅游形式而言,生态旅游可能受气候变化影响更大。在气候变化背景下,生态旅游所面临的困境主要包括五个方面:一是与生态旅游体验直接相关的交通,基于自然的活动比以城市为基础的旅游业更加耗能;二是生态旅游多以自然资源为核心吸引力,对自然资源的依赖性较强;三是对自然资源的保护措施不够完善;四是社区参与力度不够,导致生态旅游服务出现供不应求的现象;五是对生态旅游目的地管理力度不足,目前仍存在生态旅游景区向游客提供一次性用品的情况,造成资源浪费以及环境污染的问题。

生态旅游困境的解决需要长期的应对措施,可能的缓解措施包括:由短期住宿转向长期住宿,快速行驶转向慢速行驶,扩大市场密度,提高对目的地绿色能源的使用效率,增强对可再生能源的应用等。旅游目的地需要适应气候变化带来的困境,开拓多样化的旅游项目,增强旅游目的地吸引力,创新旅游资源开发以缩小淡旺季差距。此外,旅游开发可考虑在受气候变化影响较小的地方发展生态旅游。

综上所述,气候变化会影响到旅游业的发展,反之亦然。不当的生态旅游会加剧气候变化,同时又受到气候变化的影响,这种影响主要包括对生态系统的影响,以及对差旅成本的影响等方面,进而造成旅游者环境态度的变化,而环境态度可能会使得旅游者减少前往生态旅游目的地进行旅行活动的欲望。

8.2 大数据与生态旅游

8.2.1 大数据的定义

"大数据"一词最早是由美国国家航天航空局(NASA)研究员麦克·考克斯(Michael Cox)和大卫·艾斯沃斯(David Ellsworth)提出的。1997年,他们在美国电子电气工程师学会(IEEE)第八届国际可视化学术会议发布论文《用于外存模型可视化的应用程序控制的需求分页》,其中提到,可视化为计算机系统带来了庞大数据量的挑战,即海量数据难以用主存储器、本地磁盘甚至是远程磁盘处理,他们将这类数据称为大数据[325]。1999年,布赖森(Bryson)等学者在《美国计算机协会通讯》上发表论文《千兆字节数据集的实时性可视化探索》,提出"大量数据的科学可视化"[326]。在研究早期,"大数据"主要是指数据规模大。

2008年9月,《自然》(Nature)杂志刊发"大数据"特稿,使得大数据在科研领域的关注度倍增。2011年,全球知名咨询公司麦肯锡公司在《大数据:下一个具有创新、竞争和生产力的前沿领域》报告中指出,大数据是指数据量超过传统数据库采集、存储、处理和分析能力的数据集[327]。美国国家标准技术研究所(NIST)提出大数据是指无法用传统数据架构有效处理的新数据集[328]。中国科学院院士李国杰也提出大数据是指运用传统IT技术和软硬件难以在可容忍的时间内进行采集、处理、服务和管理的数据集合[329]。这一阶段,大数据一般被定义为利用常用软件工具获取、管理和处理数据耗费时间超过可容忍时间的数据集[330]。

为理解传统软件工具耗时超过"可容忍时间"的内涵,可从数据规模、数据类型、模式和数据的关系、处理对象和处理工具五个方面来比较传统数据库和大数据的区别[331](表8-3)。由此可见,大数据的出现为传统数据管理方式带来了巨大的挑战,在数据来源、处理手段和思维方式等方面都会发生根本性的变革。

表 8-3　传统数据库与大数据的区别

	传统数据库	大数据
数据规模	规模较小,通常以 MB 为基本单位	规模较大,常以 GB,甚至是 TB、PB 为基本单位
数据类型	种类单一,以结构化数据为主	种类繁多,包含结构化、半结构化和非结构化数据
模式和数据的关系	先有模式,再产生数据	难以预先确定模式,只有在数据出现之后才能确定,且模式随着数据量的增长处于不断的演变之中
处理对象	数据仅作为处理对象	将数据作为一种资源来辅助解决其他诸多领域的问题
处理工具	一种或少数几种工具就能处理所有数据	不能仅用一种工具处理所有数据

资料来源:孟小峰等[331]

业界和学术界对大数据的定义一直处于探讨阶段。随着大数据处理技术不断提升,大数据应用场景不断丰富,大数据的概念逐渐从数据量大发展为涵盖数据量、技术手段、应用等的综合性概念。原工业和信息化部电信研究院在《大数据白皮书(2014 年)》中讨论大数据的概念,提出大数据是具有体量大、结构多样、时效性强等特征的数据,大数据是新资源、新工具和新应用的综合体[332]。朱扬勇和熊赟提出,大数据是指为决策提供服务的大数据集、技术手段和应用的总称,数据、技术和应用是大数据的三个关键要素[333]。在大数据的概念中,价值是其核心所在,数据(资源)、技术(工具)、应用这三个要素都是围绕着价值展开的。

基于以上的讨论,本节认为,大数据是难以用传统数据库和软件工具处理的数据集,需应用实时识别模式的分析技术来进行处理,并可作为一种决策资源。数据类型包括结构化、半结构化和非结构化数据。

8.2.2　旅游大数据的定义

随着大数据技术的发展和旅游目的地的智慧建设,大数据的概念也逐渐拓展到旅游领域。基于大数据的定义与行业特征,旅游大数据可以定义为:在旅游领域中难以用传统数据库和软件工具处理的数据集,大量的、多变的非结构化旅游相关终端数据需通过实时识别模式的分析技术来处理,为政府、旅游目的地、旅游企业及游客等利益相关者提供决策参考。

旅游行业综合性极强，涵盖旅游酒店、餐饮、旅游住宿、旅游交通、旅游景区游览、旅游购物及多种文化娱乐活动，行业数据涵盖旅游活动的全部信息。从旅游资源、旅游行业三大支柱产业及旅游者的角度来看，旅游大数据包括以下种类（表8-4）[334]。

表8-4 旅游大数据分类

	结构化数据	非结构化数据
旅游资源	类型、等级、分布、数量指标等	文字、图片、音频、视频、开发情况等
旅游者	年龄、性别、学历、收入水平、消费能力等	出行计划、消费预算、旅游偏好、出游前检索记录、地理位置、意见、投诉等
旅游社	团队游价格、客源构成、旅游人次、出游时间、旅游目的地、组团游的年龄分布及其偏好等	旅游者咨询记录、团队游的实时监测数据、出游线路策划的数据、旅游者体验评价等
旅游交通	旅游列车时刻表、交通票价、交通路线图等	实时路况数据、道路天气、道路拥挤程度、旅游交通道路监测及预警等
旅游饭店	旅游住宿时间、人次、住宿率、住宿淡旺季、价格、营业收入以及利润等	内部管理、旅游者住宿偏好、旅游者意见及其评价、旅游者信息分享、危机感知信息、突发事件等

资料来源：张建涛等[334]

8.2.3 旅游大数据的特征

（一）大数据的特征

2001年，兰妮（Laney）提出了大数据的3V特征[335]，随后又有研究者和研究机构对其进行了补充，综合形成了大数据的5V特征[336]，即规模性（Volume）、多样性（Variety）、高速性（Velocity）、真实性（Veracity）、价值性（Value）。之后也有学者基于不同的应用场景和需求，提出了黏性（Viscosity）、邻近性（Vicinity）、模糊性（Vague）等不同特征，构成 $3+x$ V 的大数据特征[337]，具体含义见表8-5[338]：

表8-5 大数据特征的含义

特征	含义
规模性（Volume）	规模可从数百 TB 到数十数百 PB，甚至到 EB 规模
多样性（Variety）	包括各种格式和形态的数据，如文本、图像、音频、视频

(续表)

特征	含义
高速性(Velocity)	需要在一定的时间限度下得到及时处理
真实性(Veracity)	采集的数据的质量影响分析结果的准确性
价值性(Value)	价值密度低,需要通过分析挖掘和利用产生商业价值
易变性(Variability)	指数据流之间的格式变化多样
黏性(Viscosity)	指数据流之间的关联性是否强
邻近性(Vicinity)	获取数据资源的距离
传播性(Virality)	数据在网络中的传播速度
有效性(Volatility)	数据的有效性及存储期限
模糊性(Vague)	因采集手段的多样性和局限性,获取的数据具有模糊性

资料来源:马世龙等[338]

(二) 旅游大数据的基本特征

1. 规模性(Volume)

规模性是指大数据具有大规模的数据量。旅游业综合性强,涉及众多经济部门。在推进旅游业与其他产业融合发展的背景下,旅游业相关的细分行业又进一步拓宽,各行业部门的数据汇集,总体形成较大的数据规模。比如仅携程一家企业每天就产生数十 TB 级别的数据量[339]。随着旅游的大众化,旅游已经成为人们日常休闲放松的重要方式,游客在旅游过程中产生的数据量也是巨大的,例如游前的检索数据,游中的空间行为数据,游后的评论或游记数据等。数据规模决定了数据的处理、存储、分析及管理需求的根本性变化。

2. 多样性(Variety)

多样性是指旅游大数据涵盖了不同形式和类型的数据。旅游活动涉及经济、社会、文化、科技、自然等各方面,大数据反映了旅游活动的形成、变化、发展状况,这其中就涵盖了经济大数据、社会大数据、文化大数据等[340]。从旅游供需方来看,供给方涉及旅游目的地大数据、旅游景区大数据、旅游企业大数据等,而需求方则涉及旅游者大数据等。从数据类型来看,既包括传统数据库数据,也包括文本、图片、视频、音频、交通信息等数据,涉及结构化、半结构化和非结构化的数据。随着行业发展和技术进步,旅游大数据的形式将会更加丰富,这也对数据存储、数据共享、数据处理等提出了新的要求。

3. 高速性(Velocity)

高速性是指大数据的生成时间短。大数据的高速性受到用户数量、设备数量和实时监测技术影响,因此互联网的普及与信息技术的进步使得大数据的生成速度呈指数级增长。大数据的处理流程是在适宜的工具和技术支持下,对广泛异构的数据信息进行提取和集成,按照一定的标准存储数据结果,利用合适的数据分析技术对获取数据进行分析,并提取有益信息反馈给终端用户。整个流程可分为数据提取与集成、数据存储与分析及数据解读[341]。如用大数据平台分析游客网络搜索数据,从省、市、景区三个层面实时了解区域内不同旅游活动的热点,分析游客APP使用情况、停留状况、特征偏好等信息,为旅游目的地、旅游企业等制定营销策略提供数据支持。

4. 真实性(Veracity)

真实性是指大数据客观、准确的特点。大规模的数据集并不代表着数据价值的增加,而意味着数据噪音的增加,这对数据预处理、机器硬件和算法都提出了更高的要求。信噪比越高的数据,真实性越高,通过可控行为获取的数据往往比从不可控行为中获取的数据具有更少的噪声[341]。在旅游大数据中,游客生成内容(Tourist Generated Content, TGC)数据比重很大,如旅游网站图文信息等,这些数据受不可控的互联网行为影响,因此在使用时应注意甄别、筛选。

5. 价值性(Value)

价值性不仅是指大数据的价值高,而且指其价值密度低,即存在大量的噪声数据或有空缺值的数据。这就要求数据分析技术在数据不准确、不完整情况下要有正确评价和预测的能力[342]。大数据的价值与其真实性和实时性有关,真实有效的数据才能形成客观、准确的结果,而分析结果也具有一定的时效性。如旅游APP平台的节假日旅游产品搜索记录可以在一定程度上反映近期旅游者的需求偏好,实现数据价值及时将数据转换为有意义的信息,并据此开展相应的旅游策划和营销工作。价值性是体现大数据特点的关键,获取数据的目的在于发掘其内在价值,即如何从EB(ExaByte)、ZB(ZettaByte)级的数据中提炼出有价值的信息,将信息变为知识,形成规律[343]。

(三) 旅游大数据的特殊特征

1. 时空性

旅游活动的开展涉及空间迁移,要在一定的空间区域内进行,并且还具有历时性的时间特征,时空性是旅游活动的基本特征之一[344]。反映旅游活动的大数据也具有时空性的特征。在时间尺度上,旅游大数据可以反映不同时间跨度的旅游情况,如短期节假日信息或数十年的动态情况;在空间尺度上,可以反映一定区域范围内的旅游情况。

2. 多尺度与多粒度性

反映旅游活动的旅游大数据还涉及地理尺度和粒度属性。旅游活动是跨区域的空间行为,地理尺度从景点步道、休闲街区到城市、区域范围不等;大数据信息粒度越小,表示细节信息越多、信息内容越详细[345],采集粒度可以以米为单位,也可以以景区、县市、省等为单位。

3. 时节性

旅游活动受季节变化、节假日分布影响明显,一些对季节、时节、事件依赖性强的目的地就有淡旺季之分。因休假制度影响,小长假、周末、工作日的旅游人次在数量上也存在显著差异,由此形成的旅游大数据也存在时节性的变化特征。

8.2.4 旅游大数据的用途

(一) 大数据在智慧旅游管理中的作用

1. 挖掘行业数据,预测旅游需求

旅游需求是旅游部门、旅游市场各方规划合作的前提条件,也是大数据推动智慧管理、精准营销和优质服务的重要参考。旅游服务具有不可储存性、生产与消费同时性、季节性等特点[346],受各种因素影响而变化频繁,预测旅游需求是控制成本风险的有效手段。数据采集主要有以下三种方式:第一,通过建设基站、铺设点位进行数据自主采集;第二,通过运营商(电信、联通、移动等)、OTA(携程、马蜂窝等)、目的地旅游企业(酒店、景区等)实现数据集成;第三,建立公安、银联、消防等系统的数据共享平台[347]。采集数据涵盖信息丰富,包括游客的年龄、性别、地区、逗留时间、位置信息、APP使用情况等,贯穿到游客搜索、预订、游览、评价等环节。借助数据挖掘和机器学习技术实现对数据的聚类、分割、关联分析等[348],可以及时获取游客分布结构与行为总体情况,直观反应实际结果与预测结果的偏差。通过数据洞察,进一步深入梳理和分析数据,把握市场趋势和目的地发展问题,通过识别用户画像,强化对客源市场、年龄结构、旅行轨迹、消费习惯、旅游偏好等的判断,明确营销策略的目标和关键点。

2. 洞察市场特征,开展精准营销

旅游市场正在向精准化、细分化方向发展,旅游供给端应针对不同的细分市场实施精准营销,即准确有效地将信息传达给潜在消费者。从宏观层面来看,在大数据、平台数据支撑的基础上,政府部门应强化对目的地的文化宣传和旅游资源的推广,优化全域旅游产品结构,向品质化、特色化、多元化方向发展;从微观层面来看,旅游企业通过对用户身份数据、行为数据、检索数据等的收集与汇总,洞察其中的规律与共性,将不同特征的用户群体以标签化区别,并设计分级化运营管理系统,提供差异化服务。运用云计算、模型构建等手段,准确实时对接自有渠道、合作平台、OTA 等,实现资源和产品的精准投放。在客户端的应用上,简化用户操作流程,设置用户信息、事件、时间等触发条件,自动化实施营销,并进行动态监测,以便合理调控营销方式[347]。

3. 关注场景需求,驱动体验升级

大数据应用的关键要素是场景,旅游场景是虚拟空间和实体空间的交融,不同类型的大数据在旅游场景中相互联系,延展出更为丰富的大数据服务应用[349]。基于位置的服务(LBS)是一种场景驱动型的服务方式,依赖于大数据,贯穿整个旅游过程中[350]。出游前,旅游者可以提前了解目的地的信息,如餐饮、住宿、门票、天气等信息,并据此合理安排行程。在游览过程中,游客可以依托大数据平台了解景区游客容量、交通情况及其他动态信息,获取景区内景点、服务站点等分布情况。旅程结束后,游客可以对目的地的产品和服务进行评分,分享自己的旅游体验。另一方面,旅游景区可依托大数据促进智慧景区技术变革,通过语音导览、智能购票、人脸识别等技术提升旅游者的便捷服务体验。景区、酒店等应用虚拟现实(Virtual Reality,VR)、增强现实(Augmented Reality,AR)、混合现实(Mixed Reality,MR)技术以及人工智能设备,能极大程度地丰富和创造用户体验。

4. 把握市场动向,优化宏观调控

旅游市场涉及多主体、多环节,旅游管理者需密切关注旅游市场变化和发展动向,以把握旅游项目的发展情况和变化趋势。基于对市场数据的实时跟踪和监测,旅游经营者可以有针对性地改进旅游项目开发方案,提升旅游规划的科学性和可行性。政府部门通过对地区旅游大数据的集成与分析,能有效预测旅游目的地的未来发展状况,提高旅游市场监管的有效性。针对旅游市场的突发情况,数据平台可实时高效地将信息传递给政府部门,有助于政府部门有效处理突发事件,尽可能降低各方损失。此外,大数据还有助于分析交通基础设施规划布局的科学性,评估高速公路、地区之间的联系密切程度,站点选址、线路设计等是否符合周边人群的需求,以便科学合理地构建"快进慢游"的旅游交通网络[351]。

5. 实现信息共享,协调行业发展

大数据将旅游的各环节、各要素串联起来,实现门票、酒店、交通等业务数据的标准化,旅游市场数据、旅游企业数据和旅游者需求数据得以整合,旅游衔接的各环节相互统筹协调,最终实现服务质量改善。旅游企业间的数据平台互联共通,有效促进旅游企业间的数据共享交流、合作共赢、协同发展,提升行业整体服务水平和发展水平。

(二) 大数据在旅游研究中的作用

旅游大数据经历了三个阶段,包括20世纪八九十年代的数据库时代,21世纪初 UGC 时代和 2010 年左右开始的大数据时代[352]。随着大数据在旅游业中的广泛应用,大数据也逐渐成为旅游研究中的一种新视角和新方法。2013年,旅游领域开始真正运用"Big Data"这一术语进行学术研究,随后大量研究成果涌现。大数据在以下三方面助力旅游研究:

1. 提供海量信息

第一,互联网的飞速发展促使社交媒体迅速崛起,形成了一个汇集用户生成内容(User Generated Content, UGC)数据(包括文字、图片、视频等)的重要平台[353]。第二,由于物联网的蓬勃发展,多种类型的传感器设备被开发,用以跟踪游客移动和环境状况,这提供了大量的时空大数据(如 GPS 数据、移动漫游数据、蓝牙数据等)[354]。第三,旅游是一个复杂的系统,其中涉及网页搜索、网页访问、线上预订等一系列行为(即旅游市场中的交易、活动或事件),由此产生相应的网页检索数据、网页访问数据、线上订购数据等交易数据,可用以了解旅游者的行为,改善旅游营销。这些海量信息使得旅游研究进入大数据时代,并取得了丰富的研究成果。大数据可以弥补调查数据用户面临的样本量局限问题[355],足够的数据可以弥补抽样偏差的缺陷[356],为旅游研究提供了新的手段。

2. 实现深度数据挖掘

大数据研究涉及数据采集、传播、储存、分析、应用整个过程,其主要目标是从大量数据中获取知识[357],如何对大数据进行有效分析成为其中关键的科学问题。随着数据量不断增长,结合云计算、机器学习、人工智能等技术的大数据挖掘已经成为大数据分析的有效手段,其首要目的是从大数据分析中自动或半自动地获取知识。在传统的数据分类、聚类、回归等挖掘技术基础上,深度学习、转移学习、多源数据融合、开源大数据软件技术等新的应用技术也为旅游大数据的挖掘提供了强有力的支撑[358]。

3. 引用非传统数据源

新的大数据源,如互联网和社交媒体、智能手机数据、公共交通数据、摄像头和信用卡数据等,可能会在未来极大地改变旅游统计的格局。大量非传统性数据资源可以提升现有旅游统计数据的质量,提高获取数据的频率和及时性,在时间和空间上更为精细化,为旅游研究提供更为丰富的统计数据和指标[359]。

8.2.5 大数据在生态旅游中的应用

技术进步和大数据应用的发展为学术研究带来了海量信息、非传统的数据来源、创新的研究方法,也为生态旅游的研究提供了新的机遇。应用大数据方法到生态旅游研究中具有以下优势:(1)运用大数据方法是引入了一种新的认识论和研究范式[360],即识别新现象并进行可视化(如旅游对环境影响的分布不均),最终提出新的生态旅游模式,这一过程是由数据驱动而非理论驱动的;(2)运用大规模数据集可以从宏观层面分析旅游业的环境、经济和社会文化可持续性,例如研究旅游者的跨区域、跨国或全球空间格局及其对碳排放的影响;(3)在地方或区域尺度上,不同的数据源可以探索可持续性的不同维度:目的地 GPS 数据、移动轨迹、搜索引擎数据可以用来监测旅游流动,研究目的地承载力相关的问题;社交媒体数据(如带有地理标签的情感特征数据)可以用于探究人地关系;行政数据可以用于监测生物多样性的损失以及控制人类活动对目的地的环境影响;(4)数据挖掘和大数据分析的多维度、多尺度、多粒度的特点,使得生态旅游研究混合方法的探索及应用成为可能[361]。多源大数据能提供有关旅游系统的整体性认识,而不仅只是关注某个部门,能够为系统内部提供更为详细的背景信息；(5)由于大数据的获取是常规或定期的，且数据存储便捷，成本低廉，所以运用大数据有利于纵向研究；(6)利用大数据干预的手段可以促进生态旅游发展；个性化推荐和营销是大数据的一大优势，它可以影响个体的环境行为，例如使用劝说性的技巧来鼓励游客履行负责任的环境行为；(7)我们需要在更广泛的社会文化背景下去理解个体行为[362]，大数据显示了个体和群体与地方的互动关系和意义，这有助于我们理解和尊重其他文化。

有学者将旅游研究中的大数据分为三类，即用户生成内容(UGC)数据(如社交媒体)、设备数据(如来自移动设备、GPS和蓝牙)和操作数据(如网络检索数据和在线表格)[362]。这些研究的重点主要涉及更大尺度的旅游流动模式，如用于预测旅游需求和目的地的可持续管理。下面将对几类大数据的应用进行介绍。

(一) 设备数据：手机

手机数据是追踪个体移动情况的一种新颖且日益流行的数据来源[363]，是用户在使用手机过程中产生的实时空间信息以及相应的个人特征信息。目前，手机数据主要有三种类型：手机计费数据、手机信令数据和软件供应商提供的应用数据。计费数据是指用户在使用信息和通话等功能时，通过计费系统的操作形成的位置信息。手机信令数据包括除计费数据以外的基站号码、信令接收时间、加密的手机识别码等，可用于持续追踪用户的位置变化[364]。

目前，由于数据隐私问题，在旅游研究中对手机数据的使用相对有限。相关研究内容主要包括游客的目的地忠诚度[365]、游客的时空流动[366]、游客的旅游距离[367]等。这些研究展示了如何利用手机数据来识别目的地内部和目的地之间的游客流动模式。手机的定位技术可以追踪到旅游客源地，对市场营销也具有一定帮助；它能够实时捕捉和分析用户的时空变化，以较低的成本在更大的范围生成大规模数据集，并且适用于室内和户外环境。但是，这类数据很难获取，而且由于数据的隐私性，可以使用的信息缺乏用户的社会经济属性。手机数据依赖于基站的不断更新进行定位，因此得到的定位精度相对较低。此外，如何区分休闲与商务游客、本地居民与外地游客也是使用手机数据面临的问题。

（二）GPS 定位信息

GPS 是一种基于卫星的无线电导航系统，它向 GPS 接收设备提供地理位置和时间信息[368]，这类更为精确的行为数据在旅游研究中得到应用。早期研究主要着眼于游客的活动，探究游客前往旅游目的地和参与旅游活动的时空行为[369]，之后也有学者将 GPS 数据与旅游目的地选择[370]、交通碳排放[371]等研究内容结合。同时，GPS 也为其他研究方法提供了良好的数据支撑，例如 GPS 结合半结构式访谈分析游客流量[372]。

GPS 数据主要来源于被调查者携带的 GPS 设备和支持 GPS 的移动应用。前者用于由旅游者构成的调查样本[371]，样本量较小，成本较高；后者与第三方移动应用数据相关，成本相对较低，获取方式更为灵活。因此，支持 GPS 的移动应用程序已成为研究的主要数据来源。其他支持 GPS 的数据源，如共享单车，也已被用于交通研究[373]，但在旅游研究中使用较少。

与手机定位相比，GPS 能持续不断地搜集信息，并且不受天气影响，所以在时间和空间上提供了更准确的行为数据。使用 GPS 数据的缺点在于如果使用参与者构成的样本数据、样本量较小，会存在样本偏差的问题，而使用支持 GPS 的移动应用程序则可避免这种情况。

（三）交通数据

交通数据包括车辆登记信息和旅游交通中的出租车 GPS 数据。交通流数据可以用于碳排放量的估算[374]、旅游交通对环境的影响[375]等相关研究；出租车 GPS 数据可追踪游客在旅游目的地之间的移动轨迹[376]，以及不同旅游模式的碳排量等。实证研究表明，交通大数据为调查旅游交通流量、确定游客来源提供数据支撑，有助于目的地的可持续管理。

在生态旅游研究中，还有许多其他的行政数据可以使用，如不同组织的能源使用、跨境旅游流、旅游产业相关部门的就业与收入、酒店和餐厅的登记信息等，值得在未来进一步深入探究。

（四）在线平台数据

在线平台数据主要包括带有地理标记的信息、用户生成内容（UGC）等。在线平台数据已被用作大规模获取游客流动和旅行数据的替代数据源。早期研究主要关注基于地理标记的照片、文本、签到数据的游客流动模式分析[377]等。在线平台数据提供了游客基本情况以外的信息，可以补充有关目的地旅游活动的详细信息,因此很多研究会利用这类在线平台数据和其他数据集进行验证和比较研究[377]。地理标记数据可以精确到街道一级,相对于以往的登记或调查数据,可以获得更详细的时空信息,有助于研究主题的精细化、多元化拓展。

由于社交媒体数据的来源特征,许多研究主要侧重于需求方,涉及游客的感知和体验,但也有一些研究从不同视角研究供给方,如餐饮企业网络口碑度的分布格局[378]、区域社会人口学特征与餐厅位置的关系[379]、共享住宿分布与旅游吸引物或兴趣点(Points of Interest,POI)的关系[380]等。大规模的网络平台数据使得研究跨国、跨区域成为可能。这些研究表明,在线平台数据(包括文本评论、照片、位置信息)可用于酒店、餐厅和共享住宿等服务设施的可持续发展规划。

在线平台成为深入探究人与地方互动关系的一个渠道,平台数据有助于生态可持续管理,了解游客的社会文化语境,改善服务品质。但是,在线平台数据也存在可靠性问题,如不真实的评论等。因此,研究者需谨慎对待在线平台数据。

(五)搜索引擎

搜索引擎是旅游研究的重要数据来源,记录了旅游相关内容的网页搜索操作。旅游者通过搜索引擎查询旅游信息会留下检索痕迹,这些痕迹被记录和处理,形成了有价值的网页搜索大数据,直接反映了公众对旅游目的地和旅游产品的关注程度。在旅游研究中,搜索引擎数据主要用于预测目的地的到访率[381]。搜索引擎能够提供丰富的目的地信息,激发潜在的旅游需求和行为动机,从而有助于生态旅游管理。此外,搜索引擎还可以提供关于游客旅游经历的有价值的信息,可用于游客感知体验[382]等相关研究。

大数据方法为生态旅游研究带来了新的机遇,大规模的数据和分析潜力为探究旅游相关行为开辟了新的途径。但这类方法不能仅局限于利益相关者领域,还应将其他相关行为主体、对象纳入其中。目前运用大数据方法的旅游研究主要是从旅游者视角出发,但其他利益相关者,尤其是商业利益相关者,也应受到关注。此外,未来研究还可以对旅游流进行深入分析,识别具体行动主体的流动模式,确定适用于更细粒度分析的具体标准。最后,在可持续性方面,虽然大数据可以探究旅游流和碳排放,但在旅游可持续发展方面还要深入探讨公平、食物与水安全、健康与福祉、社会文化变迁、清洁能源、生物多样性、资源耗竭和气候变化等相关问题[383]。

尽管大数据在研究上具有明显优势,但也存在局限性。首先,大数据可以覆盖大样本,但不一定能覆盖全部样本。例如,网络数据的应用只能覆盖到部分旅游人群,集中于年轻、教育程度高、精通技术的群体,因此对这些群体的研究结果可能并不能推广到其他群体[363]。第二,大数据并不是共享的开放数据,虽然社交媒体和在线平台数据相对容易获取,但涉及个人隐私、商业机密和目的地安全的数据却很难被研究者访问。然而,这些数据是研究旅游者行为、商业运营和可持续性问题的关键。最后,大数据可以描述一个现象,但不能解释原因,它关注的是相关关系而不是因果关系[384]。例如,通过GPS数据分析,研究者可以了解旅游者的时空活动特征,但难以解释旅游者为什么参加某种活动。因此,研究者开始质疑这些数据的科学价值。此外,大数据还面临着研究伦理和数据安全的问题,例如,大数据被指责侵犯隐私、可能导致歧视或其它滥用的可能;同时,还可能存在将消费者数据转售给其他公司的情况[385],消费者的数据隐私难以得到保障等。

大数据研究方法的一些局限可以通过不同的研究方法来解决,例如,对大数据中为什么出现某种模式提供解释,或者对大数据中未涉及的群体进行研究。由小样本构成的"小数据"方法与大数据之间存在潜在的互补关系,为理解大数据分析的庞大网络,需运用定性分析来解释说明定量数据可视化的微观过程,而大数据可用于基于大规模样本的三角定性理论发展。这些混合方法将引发新的本体论和认识论的争论,生态旅游研究者的困境在于作出明智的选择和协调潜在的差异。这些争论存在于生态旅游研究成果不断丰富的过程中,也是理论与方法论发展的基础。

案例导读

案例1 依托GPS开展的地理藏宝活动

地理藏宝(Geocaching)是近年来流行于欧美国家的一种户外藏宝和寻宝游戏,参与者利用搭载GPS的设备或智能手机去藏匿、标记和寻找宝物。geocaching.com是全球最大的地理藏宝平台,该平台上的地理藏宝地点涉及全球200多个国家和地区,上百万个宝藏被玩家藏在全球各地。宝藏可能只是一个小物件,但是寻宝过程却能让人们获得户外锻炼、休闲娱乐的机会。

地理藏宝游戏的过程分为三步:首先玩家在地理藏宝网站创建账号,选择合适的地方藏宝,然后在网站上发布藏宝的精确经纬度地理坐标,最后其他玩家利用GPS定位藏宝地点,开始寻宝。GPS设备或智能手机只能将玩家带到离藏宝约10米左右的地方,玩家需要四处寻找,留意树洞、牡蛎壳、岩石、鸟屋、长凳等不起眼的地方。玩家找到藏宝后,可以获得这个礼物,但是自己也要留下礼物,并在日志上记录寻宝过程,这本日志会一直存放在宝盒中,其中记录了寻宝者的信息以及一些寻宝感受等。

地理藏宝活动互动参与感强,成为生态旅游地鼓励人们走进自然、探索自然、认识自然的趣味活动之一。例如,英国威尔士的布雷肯比肯斯国家公园(Brecon Beacons National Park)拥有森林、山地、牧场、瀑布、荒原、湖泊、河谷等丰富的地形,可以开展多种户外娱乐活动,地理藏宝活动也是其中一项。公园内的地理藏宝点超过180个,它们被藏匿于各种隐秘有趣的地点,等待寻宝者发现。

案例2 南京市乡村旅游大数据服务平台

在乡村振兴战略背景下,南京市积极推进美丽乡村建设,已建成美丽宜居乡村1300多个,省级特色田园乡村总数位居全省前列,美丽乡村已经成为南京亮丽的城市名片。随着乡村旅游不断发展,政府部门、居民游客以及社会各界对南京乡村旅游发展的需求和目标不断提升,利用大数据建设智慧旅游服务平台成为重要的技术支撑。

南京乡村旅游大数据服务平台由南京市文化和旅游局负责指导工作,南京报业传媒集团负责具体实施工作,于2017年9月启动,2018年5月正式上线(图8-1)。目前,平台重点监测62个南京美丽乡村,通过数据模型覆盖所有原省四星级、五星级乡村旅游区、现有的国家级和省级乡村旅游重点村,还覆盖了近两年发展潜力较大的典型乡村,最终目标是覆盖南京涉及休闲农业服务的全部乡村旅游点。

平台经过四年的建设与发展,已形成"1+1"运行模式,即线上线下双轮驱

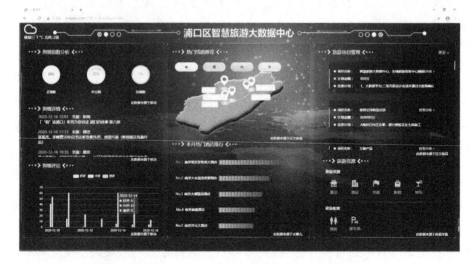

图 8-1 南京乡村旅游大数据服务平台(浦口区客户端)

动,数据服务和产品服务共同发展,包括乡村旅游数据服务、线上销售、线下送达服务。平台依托移动运营商、集团旗下紫金山新闻客户端和文旅会员系统采集乡村旅游数据,并运用大数据技术进行统计分析,将结果运用到乡村旅游管理、服务和营销等方面。

平台由 4 个核心模块构成:(1)线上数据频道。依托紫金山新闻客户端,展示南京乡村旅游大数据,发布数据报告,报道相关活动和建设成就;(2)线上预订平台。在新闻客户端开通热力活动、特色乡村、借宿金陵、南京味道、乡村直通车等线上产品预订通道,销售南京特色乡村旅游产品;(3)线下数据体验场。依托南京明故宫旅游 MALL 和省级众创空间南京旅创空间开设线下数字展示场馆;(4)大数据分析运营系统。利用系统数据对南京乡村旅游发展进行多维度分析。

平台建设至今,取得了良好成效。第一,数据平台为游客提供高效便捷的乡村旅游信息服务,游客可随时进入平台获得相关信息、合理安排出游计划并购买旅游产品。第二,数据平台为政府部门提供乡村旅游数据和白皮书报告,有助于决策参考。第三,数据平台填补了南京在乡村旅游数据监测上的空白,推动南京乡村旅游进入智慧化时代,助力南京乡村旅游高质量发展。

数据平台获得社会各界多方认可,并成功入选了 2020 年中国报业深度融合发展创新案例、2020年度媒体融合创新技术与服务应用入库项目、2020年文化和旅游信息化发展典型案例等多个奖项,并于2021年11月获得文化和旅游部(数据中心)"乡村旅游偏好洞察观测站"称号,于2022年被文化和旅游部资源开发司确定为2021年智慧旅游典型案例之一。

(资料来源:中国旅游新闻客户端、"南京文旅"微信公众号平台)

参 考 文 献

[1] 谭莉. 对生态旅游概念的评析[J]. 中国市场,2015(13):183-185.

[2] 毋茜,杨哲,张子俨. 生态旅游相关理论基础[J]. 旅游纵览(下半月),2016(02):219-222.

[3] 张建萍. 生态旅游[M]. 北京:中国旅游出版社,2008:13-14.

[4] 程道品. 生态旅游开发模式及案例[M]. 北京:化学工业出版社,2006:1-3.

[5] 王朋薇. 生态旅游概念的界定[J]. 旅游纵览(下半月),2013(20):194-195.

[6] Fennell D A. Ecotourism and the myth of indigenous stewardship[J]. Journal of Sustainable Tourism,2008,16(2):129-149.

[7] Cengiz T. Tourism,an ecological approach in protected areas:Karagol-Sahara National Park,Turkey[J]. The International Journal of Sustainable Development and World Ecology,2007,14(3):260-267.

[8] (英)艾沃·古德森著. 环境教育的诞生:英国学校课程社会史的个案研究[M]. 贺晓星,仲鑫,译. 上海:华东师范大学出版社,2001:130-131.

[9] 方炜,王莉丽,许亚玲. 游客生态旅游满意度影响因素研究[J]. 商业研究,2016(11):168-176.

[10] World Commission on Environment and Development. Report of world commission on environment and development:our common future[M]. Oxford:Oxford University Press,1987:5-167.

[11] Hardy A,Beeton R J S,Pearson L. Sustainable tourism:an overview of the concept and its position in relation to conceptualisations of tourism[J]. Journal of Sustainable Tourism,2002,10(6):475-496.

[12] Sagasti F R,Colby M E. Eco-development and perspectives on global change from developing countries[M]. In N. Chourci (ed.). Global Accord. London:MIT Press,

1993:175-205.

[13] Wilbanks T J. "Sustainable development" in geographic perspective[J]. Annals of the Association of American Geographers, 1994, 84(4):541-556.

[14] Bramwell B, Lane B. Sustainable tourism:an evolving global approach[J]. Journal of Sustainable Tourism, 1993, 1(1):1-5.

[15] Dovers S R, Handmer J W. Contradictions in sustainability[J]. Environmental Conservation, 1993, 20(3):217-222.

[16] United Nations. The millennium development goals report[R]. New York, 2015:1-3.

[17] 魏彦强,李新,高峰等.联合国2030年可持续发展目标框架及中国应对策略[J].地球科学进展,2018, 33(10):1084-1093.

[18] United Nations. Transforming our world:the 2030 agenda for sustainable development [R]. New York, 2015:1-25.

[19] Ashley C, Boyd C, Goodwin H. Pro-poor tourism:putting poverty at the heart of the tourism agenda[J]. Significance, 2000(51):1-6.

[20] Zeleza P T, Veney C R. Women in african studies[D]. US: United States of International University-Africa, 2001:15-19.

[21] World Tourism Organization. Tourism vital for achieveing global development objectives — Tourism minister and UN[EB/OL]. [2021-05-15] https://www.unwto.org/.

[22] United Nations. Universal declaration of human rights. [EB/OL]. (1948-12-10). [2021-05-15] https://www.un.org/zh/about-us/universial-declaration-of-human-rights.

[23] 杨阿莉.可持续发展理论与生态旅游[J].河西学院学报,2004(05):81-83.

[24] 李林子,李小敏,孙启宏,王佳邓.国内外绿色发展评价研究述评[J].生态经济,2021, 37(08):41-48.

[25] Pearce D W, Markandya A, Barbier E B. Blueprint for a green economy:a report[M]. London:Earthscan, 1989:29-30.

[26] Reardon J. Comments on "green economics:setting the scene. aims, context, and philosophical underpinnings of the distinctive new solutions offered by green economics" [J]. International Journal of Green Economics, 2007, 1(3/4):532-538.

[27] 盛馥来,诸大建.绿色经济:联合国视野中的理论、方法与案例[M].北京:中国财政经济出版社,2015:3-5.

[28] 诤言.绿色发展是中国必走之路[J].中国乡镇企业,2004(04):21-22.

［29］侯伟丽.21世纪中国绿色发展问题研究[J].南都学坛,2004(03):106-110.

［30］牛文元,刘学谦,杨多贵.中国科学发展报告2010[M].北京:科学出版社,2013:3-5.

［31］蒋南平,向仁康.中国经济绿色发展的若干问题[J].当代经济研究,2013(02):50-54.

［32］柯水发.绿色经济理论与实务[M].北京:中国农业出版社,2013:3-5.

［33］秦书生,王旭,付晗宁.我国推进绿色发展的困境与对策:基于生态文明建设融入经济建设的探究[J].生态经济,2015,31(07):168-171.

［34］张波,白丽媛."两山理论"的实践路径:产业生态化和生态产业化协同发展研究[J].北京联合大学学报(人文社会科学版),2021,19(01):11-19.

［35］胡咏君,吴剑,胡瑞山.生态文明建设"两山"理论的内在逻辑与发展路径[J].中国工程科学,2019,21(05):151-158.

［36］王平,郦建强."两山"理论的基本内涵及实践模式探索[J].水利规划与设计,2020(12):1-4.

［37］杨莉,刘海燕.习近平"两山理论"的科学内涵及思维能力的分析[J].自然辩证法研究,2019,35(10):107-111.

［38］海笑,覃建雄."两山"理论背景下西南民族地区乡村生态旅游开发RMP分析:以安宁河流域为例[J].农村经济,2020(12):137-144.

［39］田里,李常林.生态旅游[M].天津:南开大学出版社,2004:1-4.

［40］陈玲玲,严伟,潘鸿雷.生态旅游:理论与实践[M].上海:复旦大学出版社,2012:4-5.

［41］张洪,张燕,倪亦南.旅游资源适度开发及其度量指标[J].人文地理,2004(1):92-96.

［42］杨桂华,钟林生,明庆忠.生态旅游[M].2版.北京:高等教育出版社,2010:3-5.

［43］刘艳.基于生态博物馆理论下的生态旅游开发与实证研究[D].西北师范大学,2004:8-10.

［44］Silva F. Aframework for customer-oriented solution applied to the tourism sector[J]. Advances in Tourism, Technology and Systems,2021(608):255-265.

［45］曾武佳,曾华艳,欧阳立群.论"道法自然"思想对促进旅游者行为生态化的启示[J].社会科学研究,2013(2):110-114.

［46］符容.自我决定理论视角下亲环境消费行为对幸福感的影响机制研究[D].长沙理工大学,2020:39-40.

［47］曹新向.体验经济时代的旅游业发展对策[J].西北农林科技大学学报(社会科学版),2004,4(05):126-129.

［48］许先春.可持续发展思想的内涵与原则[J].中共福建省委党校学报,1998(10):45-49.

［49］刘琼英.生态旅游理论与实践[M].北京:中国科学技术出版社,2009:156-157.

［50］卢云亭.生态旅游与可持续旅游发展[J].经济地理,1996(01):106-112.

[51] 郭来喜.中国生态旅游:可持续旅游的基石[J].地理科学进展,1997,16(4):1-10.

[52] 张延毅,董观志.生态旅游及其可持续发展对策[J].经济地理,1997,17(2):108-112.

[53] 王金伟,李丹,李勇,佟连军.生态旅游:概念、历史及开发模式[J].北京第二外国语学院学报,2008(09):24-30.

[54] 金准.迈向"双碳目标":解析碳达峰、碳中和与旅游业高质量转型[J].中国会展(中国会议),2021(24):40-43.

[55] 孙荣镁.我国碳中和旅游的实施路径探析[J].当代旅游,2021,19(30):49-52.

[56] Holden A. Environment and tourism[M]. second edition. London and New York: Routledge, 2008:25-26.

[57] 李延克.西藏拉萨乡土聚落与民居的自然环境适应性研究[D].华南理工大学,2020:1-2.

[58] Cooper W S. Sir Arthur Tansley and the Science of Ecology[J]. Ecology, 1957, 38(4):658-659.

[59] Morowitz L S, Miller G T. Living in the environment: concepts, problems, and alternatives by G. Tyler Miller Jr. [J]. American Scientist, 1975, 63(5):586-597.

[60] 屈明,薛立,徐燕.旅游开发及其对生态系统和景观的影响[J].生态科学,2005,24(3):5-6.

[61] 宋秀杰,郑希伟.松山自然保护区旅游开发的环境影响研究[J].环境科学,1997,18(3):3-11.

[62] 邓金阳,柯显东.论森林旅游的生态影响及对策[J].湖南林业科技,1995(02):33-36.

[63] 蒋文举,朱联锡.旅游对峨眉山生态环境的影响及保护对策[J].环境科学,1996,17(3):48-51.

[64] 彭长连.人类活动对亚热带森林大气CO_2浓度及两种木本植物碳水化合物含量的影响[J].应用生态学报,1997,8(8):225-230.

[65] 宋品一,朱巧楠.生态旅游环境保护的可持续发展[J].新农业,2021(5):2-5.

[66] 绿维文旅.生态修复与重建技术手段探索[EB/OL].(2013-07-12).[2021-05-15]. http://www.lwcj.com/w/StudyResut00377_1.html

[67] 肖笃宁,李秀珍,高峻.景观生态学[M].北京:科学出版社,2010:2-10.

[68] 张娜.生态学中的尺度问题:内涵与分析方法[J].生态学报,2006(07):2340-2355.

[69] O'Neill R, Marini D, Waide J, Allen T. A hierarchical concept of ecosystems[M]. Princeton:Princeton University Press,1986:1-3.

[70] 邬建国.景观生态学:概念与理论[J].生态学杂志,2000(01):42-52.

[71] 常绍舜.从经典系统论到现代系统论[J].系统科学学报,2011,19(03):1-4.

[72] Bertalanffy L. An outline of general system theory[J]. The British Journal for the Philosophy of Science,1950,1(2):134-165.

[73] 陈平,杨波,王利钢.管理信息系统实践教程[M].南京:东南大学出版社,2015:20-21.

[74] (英)麦克劳林著.系统方法在城市和区域规划中的应用[M].王凤武,译.北京:中国建筑工业出版社,1988:39-43.

[75] 曾帆.基于系统论的震后重建规划理论模型及关键技术研究[D].西南交通大学,2017:11-13.

[76] 杨桂华,钟林生,明庆忠.生态旅游[M].3版.北京:高等教育出版社,2017:53-59.

[77] 曹新向,瞿鸿模,韩志刚.自然保护区旅游开发的景观生态规划与设计[J].南阳师范学院学报(自然科学版),2003(06):77-80.

[78] 刘忠伟,王仰麟.生态旅游及其景观生态学透视[J].人文地理,2001(03):11-15.

[79] 舒伯阳,张立明.生态旅游区的景观生态化设计[J].湖北大学学报(自然科学版),2001(01):93-95.

[80] 盛海潇.四面山旅游开发的景观生态学运用分析[J].重庆师范学院学报(自然科学版),2000(S1):63-67.

[81] 李兴振.乡村生态旅游景观规划与设计[J].建筑结构,2021,51(15):147-148.

[82] 李铭,孙心亮,武弘麟.景观生态学在旅游规划中的应用:以长白山二道白河生态旅游城为例[J].水土保持研究,2005(04):63-66.

[83] 汪明林,陈睿智.基于景观生态学理论下的生态旅游线路规划设计:以峨眉山为例[J].北京第二外国语学院学报,2005(03):91-95.

[84] 韩冰,许大为.太阳岛风景区生态旅游与景观生态的持续发展[J].森林工程,2008(03):32-35.

[85] 王晓丽,师庆东.景观生态学在生态旅游景区开发中的应用探讨:以喀纳斯为例[J].内蒙古林业调查设计,2007(01):3-6.

[86] 周颖伟.风景名胜区景观生态设计方法研究[J].科协论坛(下半月),2007(08):114-115.

[87] 姬晓娜,朱泮民.生态旅游区的景观生态问题及其调控[J].生态学杂志,2007(11):1884-1889.

[88] 邱彭华,俞鸣同,曾从盛.旅游地景观生态规划与设计研究[J].旅游学刊,2004(01):51-56.

[89] 薛达元,王云靓.基于GIS的黔西南布依族自治州生态旅游规划[J].中央民族大学学报(自然科学版),2014,23(04):11-17.

[90] 李会琴,侯林春,肖拥军,薛重生.基于RS、GIS的黄土高原环境脆弱区生态旅游适宜度

评价:以山西省中阳县为例[J].测绘科学,2009,34(06):300-302.

[91] 石垚,张微,任景明,张建平.生态敏感区旅游开发适宜性评价及生态制图方法[J].生态学报,2015,35(23):7887-7898.

[92] 游巍斌,俞建安,陈炳容,等.世界双遗产地武夷山风景名胜区居民旅游感知分析[J].生态与农村环境学报,2015,31(06):844-852.

[93] Higgins B R. The global structure of nature tourism industry:ecotourists tour operators andlocal businesses[J]. Journal of Travel Research,1996,35(2):11-18.

[94] (澳)韦弗.生态旅游[M].杨桂华,等译.天津:南开大学出版社,2004:184-185.

[95] 张莹,邵小明.试谈酒店绿色营销存在的问题及营销策略[J].市场论坛,2014(03):62-63.

[96] Ginsberg J M, Bloom P N. Choosing the right green marketing strategy[J]. MIT Sloan Management Review,2004,46(1):79-84.

[97] 从林,田玉利.绿色酒店营销策略研究[J].现代商贸工业,2010,22(02):91-92.

[98] 沈艺峰,林志扬.相关利益者理论评析[J].经济管理,2001(8):19-24.

[99] 郭华.国外旅游利益相关者研究综述与启示[J].人文地理,2008(2):100-105.

[100] 唐晓云,吴忠军.农村社区生态旅游开发的居民满意度及其影响:以广西桂林龙脊平安寨为例[J].经济地理,2006(5):879-883.

[101] 张玉钧,曹韧,张英云.自然保护区生态旅游利益主体研究:以北京松山自然保护区为例[J].中南林业科技大学学报(社会科学版),2012(3):6-11.

[102] 李正欢,郑向敏.国外旅游研究领域利益相关者的研究综述[J].旅游学刊,2006(10):85-91.

[103] 刘雪梅,保继刚.从利益相关者角度剖析国内外生态旅游实践的变形[J].生态学杂志,2005(3):348-353.

[104] 刘静艳.从系统学角度透视生态旅游利益相关者结构关系[J].旅游学刊,2006(5):17-21.

[105] 王纯阳,黄福才.村落遗产地利益相关者界定与分类的实证研究:以开平碉楼与村落为例[J].旅游学刊,2012(8):88-94.

[106] 周玲.旅游规划与管理中利益相关者研究进展[J].旅游学刊,2004(6):53-59.

[107] 王钊.生态旅游利益相关者研究[J].中国商贸,2012(28):184-185.

[108] Robson J, Robson I. From shareholders to stakeholders:critical issues for tourism marketers[J]. Tourism Management,1996,17(7):533-540.

[109] Ryan C. Equity, management, power sharing and sustain ability:issue of "new tourism"[J]. Tourism Management, 2002,23(1):17-26.

[110] Swardbrook J. Sustainable tourism management[M]. Oxfordshire:CABI Publishing,1999:85-87.

[111] (加)芬内尔.生态旅游[M].张凌云,译.北京:旅游教育出版社,2004:205-207.

[112] 宋瑞.我国生态旅游利益相关者分析[J].中国人口·资源与环境,2005(01):39-44.

[113] 刘燕.浅谈生态旅游中利益相关者的界定:以米切尔方法为例[J].商业文化(学术版),2008(01):338,265.

[114] 旷雄杰.生态旅游发展中利益相关者格局及其角色的定位分析[J].中南林业科技大学学报,2010,30(09):81-84.

[115] Cohen E. The tourist guide:the origins, structure and dynamics of a role[J]. Annals of Tourism Research, 1985, 12(1):5-29.

[116] Hu W, Wall G. Interpretative guiding and sustainable development:A framework[J]. Tourism Management Perspectives, 2012(4):80-85.

[117] Weiler B, Johnson T, Davis D. Roles of the tour leader in environmental responsible tourism[C]. Eco-tourism (incorporating the global classroom) 1991 international conference papers. Canberra:University of Queensland, Australian Bureau of Tourism Research, 1991:91-98.

[118] Weiler B, Davis D. An exploratory investigation into the roles of the nature-based tour leader[J]. Tourism Management, 1993(14):91-98.

[119] Howard J, Thwaites R, Smith B. Investigating the roles of the indigenous tour guide[J]. The Journal of Tourism Studies, 2001, 12(2):32-39.

[120] Weiler B, Ham S. Perspectives and thoughts on tour guiding[M]. In A. Lockwood, & S. Medlik (Eds.), Tourism and hospitality in the 21st century. Oxford and Boston:Butterworth-Heinemann, 2009:255-264.

[121] Zhang H Q, Chow I. Application of importance – performance model in tour guides' performance:Evidence from mainland Chinese outbound visitors in Hong Kong[J]. Tourism Management, 2004(25):81 – 91.

[122] Gurung G, Simmons D, Devlin P. The evolving role of tourist guides:The Nepali experience[M]. In R. Butler, & T. Hinch (Eds.), Tourism and indigenous peoples. London:International Thomson Business Press, 1996:107-128.

[123] 鲁小波,李悦铮.从内部矛盾的角度探讨生态旅游的定义、条件和发展阶段[J].经济地理,2008(03):512-515,522.

[124] 鹿梦思,王兆峰.生态旅游者行为规律变化与自然环境变化相关性测度研究[J].资源开发与市场,2018,34(03):397-402.

[125] 李正欢,李祝舜.生态旅游者生态行为的意识层次[J].资源开发与市场,2004(03):231-233.

[126] 李燕琴,蔡运龙.北京市生态旅游者的行为特征调查与分析:以百花山自然保护区为例[J].地理研究,2004(06):863-874.

[127] 李燕琴.生态旅游者识别方法分类与演变[J].宁夏社会科学,2006(05):131-133.

[128] 钟林生,石强,王宪礼.论生态旅游者的保护性旅游行为[J].中南林学院学报,2000,20(2):62-65.

[129] 李文明,裴路霞,朱安琪等.以环境知识为调节变量的历史文化街区旅游者环境责任行为驱动机理研究[J].地域研究与开发,2021,40(5):113-118,137.

[130] 何磊.谈生态旅游者的判定、特征及培育[J].商业时代,2009(04):49-50.

[131] Tao C H, Eagles PFJ, Smith SLJ. Profiling Taiwanese ecotourists using a self-definition approach[J]. Joural of Sustainable Tourism, 2004, 12(2):149-168.

[132] 李燕琴.国内外生态旅游者行为与态度特征的比较研究:以北京市百花山自然保护区为例[J].旅游学刊,2006(11):75-80.

[133] 李明辉,谢辉.中外生态旅游者动机与行为的比较研究[J].旅游科学,2008(03):18-23.

[134] 黄震方,陈志钢,张新峰.国内外生态旅游者行为特征的比较研究[J].现代经济探讨,2003(12):71-73.

[135] 徐荣林,王建琼.国内外生态旅游者的旅游动机与行为差异研究:以九寨沟为例[J].西南交通大学学报(社会科学版),2018,19(03):71-77.

[136] Fennell D A, Smale B J. Ecotourism and natural resource protection: Implications of an alternative form of tourism for host nations[J]. Tourism Recreation Research, 1992, 17(1):21-32.

[137] 李燕琴.一种生态旅游者的识别与细分方法:以北京市百花山自然保护区为例[J].北京大学学报(自然科学版),2005(06):906-917.

[138] 曾菲菲,罗艳菊,毕华,赵志忠.生态旅游者:甄别与环境友好行为意向[J].经济地理,2014,34(06):182-186,192.

[139] 王群,陆林,章锦河.基于可持续发展的生态旅游者统计探讨[J].中国人口资源与环境,2004(06):74-78.

[140] Plog S C. Why destination areas rise and fall in popularity[J]. Cornell Hotel and Recreation Administration Quarterly, 1973,14(3):13-16.

[141] Plog S C. Why destination areas rise and fall in popularity: An update of a Cornell Quarterly classic[J]. Cornell Hotel and Restaurant Administration Quarterly, 2001,

42(3):13-24.

[142] 曲颖.普洛格心理类型目的地定位法的引荐与阐释:促成最大化游客量增长的利器[J].外国经济与管理,2015,37(07):46-57.

[143] 曲颖,吕兴洋.实现精准目标市场识别的美国入境游客细分[J].旅游学刊,2017,32(01):22-31.

[144] Plog S C. Leisure travel:A marketing handbook[M]. Upper Saddle River, NJ:Pearson Prentice Hall, 2004:47-72.

[145] 科恩.旅游社会学概论[M].巫宁,马聪玲,陈立平,译.天津:南开大学出版社,2007:22-33.

[146] Cohen E. Toward a sociology of international tourism[J]. Social Research, 1972, 39(1):164-182.

[147] Weaver D B, Lawton L J. Twenty years on: The state of contemporary ecotourism research[J]. Tourism Management, 2007, 28(5):1168-1179.

[148] 张书颖,刘家明,朱鹤,李涛.国外生态旅游研究进展及启示[J].地理科学进展,2018,37(09):1201-1215.

[149] Sheena B, Mariapan M, Aziz A. Characteristics of Malaysian ecotourist segments in Kinabalu Park, Sabah[J]. Tourism Geographies, 2015, 17(1):1-18.

[150] Castellanos-Verdugo M, Vega-Vazquez M, Oviedo-Garcia M A, Orgaz-Agüera F. The relevance of psychological factors in the ecotourist experience satisfaction through ecotourist site perceived value[J]. Journal of Cleaner Production, 2016(124):226-235.

[151] 钟林生.试论生态旅游者的教育[J].思想战线,1999(06):39-42.

[152] 肖朝霞,杨桂华.国内生态旅游者的生态意识调查研究:以香格里拉碧塔海生态旅游景区为例[J].旅游学刊,2004(01):67-71.

[153] 李文明.生态旅游环境教育效果评价实证研究[J].旅游学刊,2012,27(12):80-87.

[154] 李文明,钟永德.国外生态旅游环境教育研究综述[J].旅游学刊,2009,24(11):90-94.

[155] 刘君德.中国社区地理[M].北京:科学出版社,2004:1-16.

[156] 曾艳.国内外社区参与旅游发展模式比较研究[D].厦门:厦门大学,2007:7-10.

[157] 佟敏.基于社区参与的我国生态旅游研究[D].哈尔滨:东北林业大学,2005:13.

[158] 刘俊清.生态旅游发展中的社区参与问题研究[J].企业经济,2016(10):142-146.

[159] 邓冰,吴必虎.国外基于社区的生态旅游研究进展[J].旅游学刊,2006(04):84-88.

[160] Arnstein S. A ladder of citizen participation[J]. Journal of the American Institute of Planner, 1969(35):216-224.

[161] 刘红岩.国内外社会参与程度与参与形式研究述评[J].中国行政管理,2012(07):

121-125.

[162] 保继刚,楚义芳.旅游地理学[M].3版.北京:高等教育出版社,2012:220.

[163] 蔡定剑.公众参与:欧洲的制度和经验[M].北京:法律出版社,2009:13.

[164] 王成超,杨玉盛,庞雯,洪静.国外生态旅游对当地社区生计的影响研究综述[J].生态学报,2017,37(16):5556-5564.

[165] 杨佳,赵清,杨兴中.自然保护区管理与周边社区农民经济活动的博弈分析[J].经济问题,2007(10):53-55.

[166] Scheyvens R. Tourism for development: Empowering communities [J]. Harlow: Pearson Education, 2002:8-10.

[167] 张琼锐,王忠君,黄涛.保护区生态旅游发展的社区参与模式探索:对九寨沟自然保护区和马索拉国家公园的比较研究[J].安徽农业科学,2017,45(14):159-161,177.

[168] 邱云美,封建林.少数民族地区社区参与旅游的影响因素与措施[J].黑龙江民族丛刊,2005(06):48-51.

[169] 杨主泉.基于社区参与的生态旅游可持续发展研究[M].北京:旅游教育出版社,2013:210-213.

[170] 董阿丹,吴郭泉.社区参与生态旅游的影响因素及保障机制研究[J].嘉兴学院学报,2008(01):39-41,89.

[171] 胡波.旅游社区原住民地方依恋对社区参与的影响研究[D].长沙:湖南大学,2014:1-12.

[172] 孙九霞,保继刚.从缺失到凸显:社区参与旅游发展研究脉络[J].旅游学刊,2006(07):63-68.

[173] 孙九霞.赋权理论与旅游发展中的社区能力建设[J].旅游学刊,2008(09):22-27.

[174] 孙九霞.旅游人类学的社区旅游与社区参与[M].北京:商务印书馆,2009:1-375.

[175] 张建萍.生态旅游与当地居民利益:肯尼亚生态旅游成功经验分析[J].旅游学刊,2003(01):60-63.

[176] 谢彦君,吴凯.期望与感受:旅游体验质量的交互模型[J].旅游科学,2000(02):1-4.

[177] 钟林生,赵士洞,向宝慧.生态旅游规划原理与方法[M].北京:化学工业出版社,2005:198-212.

[178] 史本林.生态旅游发展研究[M].西安:西安地图出版社,2005:9.

[179] Clark R N, Stankey G H. The recreation opportunity spectrum: A framework for planning, management, and research[R]. USDA — Forest Service General Technical Report 1979, PNW-98.

[180] 谢彦君,谢中田.现象世界的旅游体验:旅游世界与生活世界[J].旅游学刊,2006(04):

13-18.

[181] 孙厚琴. 旅游客户关系管理[M]. 上海：立信会计出版社，2008：211-214.

[182] Boorstin D J. The image：A guide to pseudo-events in America[M]. New York：Vintage Books，1992：1-12.

[183] 张芳. 体验经济时代下的旅游体验营销策略[J]. 中共南宁市委党校学报，2005(06)：23-25.

[184] 谢彦君. 基础旅游学[M]. 2版. 北京：中国旅游出版社，2004：133.

[185] Colvin J. The scientist and eco-tourism：Bridging the gap. Ecotourism and Resource Conservation[M]. Association of Wetland Managers，1991：575-581.

[186] Stamou A G, Paraskevopoulos S. Ecotourism experiences in visitors' books of a Greek Reserve：A critical discourse analysis perspective[J]. Sociologia Ruralis，2003，43(1)：34-55.

[187] 李先跃. 体验式生态旅游探讨[J]. 中国林业经济，2010(4)：36-38.

[188] 李琳，谢双玉，唐亚男，吴通宜，李艳. 生态旅游游客体验类型及其影响因素研究[J]. 武汉：华中师范大学学报：自然科学版，2021，55(03)：472-482.

[189] 张建萍，吴亚东. 体验经济时代的生态旅游发展模式[J]. 社会科学家，2009(12)：82-85.

[190] Breiby M A, Duedahl E, Oian H, Ericsson B. Exploring sustainable experiences in tourism[J]. Scandinavian Journal of Hospitality and Tourism，2020，20(4)：335-351.

[191] 马天. 旅游体验质量与满意度：内涵、关系与测量[J]. 旅游学刊，2019，34(11)：29-40.

[192] 范少军，李承哲. 旅游体验质量评价研究综述与展望[J]. 中国商论，2021(24)：40-45.

[193] 孙小龙，林璧属，郜捷. 旅游体验质量评价述评：研究进展、要素解读与展望[J]. 人文地理，2018，33(01)：143-151.

[194] Kano. Attractive quality and must-be quality[J]. Journal of the Japanese Society for Quality Control，1984，14(2)：147-156.

[195] Grönroos C. A service quality model and its marketing implications[J]. European Journal of Marketing，1984，18(4)：36-44.

[196] 张琼锐，王忠君. 基于期望差距模型的科教旅游服务质量评价研究：以用友软件园为例[J]. 北京林业大学学报(社会科学版)，2016，15(03)：35-41.

[197] Fornell C, Johnson M D, Anderson E W, Cha J, Bryant B E. The American customer satisfaction index：Nature, purpose, and findings[J]. Journal of Marketing，1996，60(4)：7-18.

[198] 唐芳林，孙鸿雁. 我国建立国家公园的探讨[J]. 林业建设，2009(03)：8-13.

[199] 朱春全. IUCN自然保护地管理分类与管理目标[J]. 林业建设，2018(05)：19-26.

[200] Dudley N, Parrish J D, Redford K H, Stolton S. The revised IUCN protected area management categories: the debate and ways forward[J]. Oryx, 2010, 44(4):485-490.

[201] Gardner J C. IUCN management categories fail to represent new, multiple-use protected areas in Madagascar[J]. Oryx, 2011, 45(3):336-346.

[202] 张希武.建立以国家公园为主体的自然保护地体系[J].林业建设,2018(05):38-46.

[203] 陈东军,钟林生,樊杰,虞虎,杨定,曾瑜皙.青藏高原国家公园群功能评价与结构分析[J].地理学报,2022,77(01):196-213.

[204] 黄国勤.国家公园的内涵与基本特征[J].生态科学,2021,40(03):253-258.

[205] Boyd W S. 'Heritage' tourism in Northern Ireland: Opportunity under peace[J]. Current Issues in Tourism, 2000, 3(2):150-174.

[206] 杨锐.美国国家公园体系的发展历程及其经验教训[J].中国园林,2001(01):62-64.

[207] 王连勇,霍伦贺斯特·斯蒂芬.创建统一的中华国家公园体系:美国历史经验的启示[J].地理研究,2014,33(12):2407-2417.

[208] 高科.公益性、制度化与科学管理:美国国家公园管理的历史经验[J].旅游学刊,2015,30(05):3-5.

[209] 王应临,杨锐,埃卡特·兰格.英国国家公园管理体系评述[J].中国园林,2013,29(09):11-19.

[210] Thompson K. Kyrgyzstan's heritage tourism product[J]. The Politics of World Heritage: Negotiating Tourism and Conservation, 2005:90-93.

[211] Kaczynski A, Crompton J. Financing Priorities in Local Governments: Where Do Park and Recreation Services Rank? [J]. Journal of Park and Recreation Administration Volume. 2006(24):84-103.

[212] Eagles J F P. Governance of recreation and tourism partnerships in parks and protected areas[J]. Journal of sustainable tourism, 2009, 17(2):231-248.

[213] 张玉钧.国家公园理念中国化的探索[J].人民论坛·学术前沿,2022(04):66-79,101.

[214] Xu F, Fox D. Modelling attitudes to nature, tourism and sustainable development in national parks: A survey of visitors in China and the UK[J]. Tourism Management, 2014(45):142-158.

[215] 张玉钧,薛冰洁.国家公园开展生态旅游和游憩活动的适宜性探讨[J].旅游学刊,2018,33(08):14-16.

[216] Bramwell B, Lane B. Critical research on the governance of tourism and sustainability[J]. Journal of Sustainable Tourism, 2011, 19(4-5):411-421.

[217] 苏红巧,苏杨. 国家公园不是旅游景区,但应该发展国家公园旅游[J]. 旅游学刊,2018, 33(08):2-5.

[218] 李想,芦惠,邢伟,伍世代. 国家公园语境下生态旅游的概念、定位与实施方案[J]. 生态经济,2021,37(06):117-123.

[219] Newsome D, Dowling R K, Moore S A, Bentrupperbäumer J, Calver M, Rodger K. Wildlife tourism[M]. Bristol:Channel View, 2005:217-234.

[220] 高科. 野生动物旅游:概念、类型与研究框架[J]. 生态经济,2012(06):137-140.

[221] Higham J E S. Tourists and Albatrosses: The dynamics of tourism at the northern royal Albatross colony, Taiaroa Head, New Zealand[J]. Tourism Management, 1998(6):521-531.

[222] Wilson C, Tisdell C. Sea turtles as a non-consumptive tourism resource especially in Australia[J]. Tourism Management, 2001,22(3):279-288.

[223] Willis C. Nature-based tourism and conservation: New economic insights and case studies[J]. Journal of Regional Science, 2013, 53(5):951-952.

[224] Fennell D A. Tourism and Animal Ethics[M]. Routledge, 2012:13-69.

[225] Duffus D A, Dearden P. Non-consumptive wildlife-oriented recreation: A conceptual framework[J]. Biological Conservation, 1990, 53(3):213-231.

[226] Newsome D, Rodger K. Wildlife Tourism[M]. Routledge, 2013:345-358.

[227] UNEP. Wildlife Watching and Tourism: A study on the benefits and risks of a fast growing tourism activity and its impact on species. Bonn: Produced by UNEP/CMS Convention of Migratory Species and TUI. [EB/OL] (2007.08.14)[2021-05-15]: http://www.cms.int/publications/pdf/cms_wildlife watching pdf.

[228] Curtin R, Prellezo R. Understanding marine ecosystem based management: A literature review[J]. Marine Policy, 2010, 34(5):821-830.

[229] Orams, M. B. Towards a more desirable form of ecotourism, in C. Ryan and S. J. Page (Eds) Tourism Management: towards the New Millennium [M]. Oxford: Pergamon, 1995:315-323.

[230] Curtin S. Wildlife tourism: The intangible, psychological benefits of human-wildlife encounters[J]. Current Issues in Tourism, 2009, 12(5-6):451-474.

[231] Emel J. Are you man enough, big and bad enough? Ecofeminism and wolf eradication in the USA[J]. Environment and Planning D: Society and Space, 1995, 13(6):707-734.

[232] Duffy R. Nature crime: How we're getting conservation wrong[M]. Yale University

Press, 2010.

[233] Castree N. Neoliberalising nature: The logics of deregulation and reregulation[J]. Environment and planning A, 2018, 40(1): 131-158.

[234] Duffy R. Neoliberalising nature: Global networks and ecotourism development in Madagascar[J]. Journal of Sustainable Tourism, 2008, 16(3): 327-344.

[235] Moorhouse T P, Dahlsjo C A L, Baker S E, D'Cruze N C, Macdonald D W, Adam P. The customer isn't always right—conservation and animal welfare implications of the increasing demand for wildlife tourism[J]. PloS One, 2015, 10(10): e0138939.

[236] Rizzolo J B. Exploring the Sociology of Wildlife Tourism, Global Risks, and Crime [M]. Wiley-Blackwell, 2017: 15-22.

[237] Cong L, Newsome D, Wu B H, Morrison A M. Wildlife tourism in China: A review of the Chinese research literature[J]. Current Issues in Tourism, 2017, 20(11): 1116-1139.

[238] Peterson M N, Birckhead J L, Leong K, Peterson M J, Peterson T R. Rearticulating the myth of human-wildlife conflict[J]. Conservation Letters, 2010, 3(2): 74-82.

[239] Dou X, Jonathon D. Human-wildlife interactions for tourism: A systematic review[J]. Journal of Hospitality and Tourism Insights, 2020, 3(5): 529-547, ahead-of-print.

[240] Watson J E M, Dudley N, Segan D B, Hockings M. The performance and potential of protected areas[J]. Nature, 2014(515): 67-73.

[241] Frank B. Human-wildlife conflicts and the need to include tolerance and coexistence: An introductory comment[J]. Consevation and Biology, 2016, 29(6): 738-743.

[242] Mbaiwa S. Ecotourism and economic incentives—An empirical approach[J]. Ecology and Economics, 2000, 32(3): 465-479.

[243] Coria J, Calfucura E. Ecotourism and the development of indigenous communities: The good, the bad, and the ugly[J]. Ecology and Economics, 2012(73): 47-55.

[244] Kruger O. The role of ecotourism in conservation: Panacea or Pandora's box? [J]. Biodiversity and Conservation, 2005, 14(3): 579-600.

[245] Newsome D, Rodger K. To feed or not to feed: A contentious issues in human-wildlife encounters[M]. Sydney: Royal Zoological Society of New South Wales, 2008: 255-270.

[246] Cui Q M, Ren Y J, Xu H G. The escalating effects of wildlife tourism on human-wildlife conflict[J]. Animals, 2021, 11(5): 1378.

[247] Thomsen B, Thomsen J, Copeland K, Coose S, Arnold E, Bryan H, Prokop K,

Cullen K, Vaughn C, Rodriguez B, Muha R, Arnold N R, Winger H, Chalich G. Multispecies livelihoods: A posthumanist approach to wildlife ecotourism that promotes animal ethics[J]. Journal of Sustainable Tourism, 2023, 31(5): 1195-1213.

[248] Belicia T X Y, Islam M S. Towards a decommodified wildlife tourism: Why market environmentalism is not enough for conservation[J]. Societies, 2018, 8(3): 59.

[249] Lamb G. Spectacular sea turtles: Circuits of a wildlife ecotourism discourse in Hawaii [J]. Applied Linguistics Review, 2019, 12(1): 93-121.

[250] Stone M T, Nyaupane G P. Protected areas, wildlife-based community tourism and community livelihoods dynamics: Spiraling up and down of community capitals[J]. Journal of Sustainable Tourism, 2017, 26(2): 307-324.

[251] Burns G L. Ethics and responsibility in wildlife tourism: Lessons from compassionate conservation in the anthropocene[M]. Springer, 2017: 213-220.

[252] Cohen E. Posthumanism and tourism[J]. Tourism Review, 2019, 74(3): 416-427.

[253] Thomsen B, Thomsen J, Cipollone M, Coose S. Let's save the bear: A multispecies livelihoods approach to wildlife conservation and achieving the SDGs[J]. Journal of the International Council for Small Business, 2021, 2(2): 114-124.

[254] Grooten M, Alomond R E A. Living planet report-2018: Aiming higher, 2018[M]. WWF International, 2018: 19-26.

[255] 李红波, 胡晓亮, 张小林, 李智, 袁源. 乡村空间辨析[J]. 地理科学进展, 2018, 37(05): 591-600.

[256] 郭焕成, 韩非. 中国乡村旅游发展综述[J]. 地理科学进展, 2010, 29(12): 1597-1605.

[257] 张云, 杨晓霞. 最近10年国内地理类、旅游类学术期刊所载乡村旅游文献综述[J]. 西南农业大学学报(社会科学版), 2013, 11(09): 1-7.

[258] 朱运海. 基于空间生产理论的乡村旅游文化再生产研究: 以襄阳五山茶坛和堰河茶文化旅游为例[J]. 国土与自然资源研究, 2018(06): 61-65.

[259] Nilsson P A. Staying farms: An ideological background[J]. Annals of Tourism Research, 2002, 29(1): 7-24.

[260] 吴人韦, 凌诗佳. 台湾乡村旅游的发展及启示[J]. 台湾农业探索, 2006(03): 32-35.

[261] 范学刚, 朱竑. 西方乡村性研究进展[J]. 热带地理, 2016, 36(03): 503-512.

[262] 龙花楼, 张杏娜. 新世纪以来乡村地理学国际研究进展及启示[J]. 经济地理, 2012, 32(08): 1-7, 135.

[263] 冯淑华, 沙润. 乡村旅游的乡村性测评模型: 以江西婺源为例[J]. 地理研究, 2007(03): 616-624.

[264] 朱运海,曹诗图.论乡村旅游的乡村性及其景观表达[J].湖湘论坛,2020,33(06):134-143.

[265] 郭焕成,刘军萍,王云才.观光农业发展研究[J].经济地理,2000(02):119-124.

[266] 郭焕成,吕明伟.我国休闲农业发展现状与对策[J].经济地理,2008(04):640-645.

[267] 安传艳,李同昇,翟洲燕,付强.1992—2016年中国乡村旅游研究特征与趋势——基于CiteSpace知识图谱分析[J].地理科学进展,2018(04):640-645.

[268] Maria-Irana, A. Ecotourism Agro-tourism and Rural Tourism in the European Union. Contemporary Approaches and Challenges of Tourism Sustainability conference[M]. Predeal, Romania,2017:39-44.

[269] Bosworth G, McElwee G. Agri-tourism in Recession: Evidence from North East England[J]. Journal of Rural and Community Development, 2014, 9(3):62-77.

[270] 黄震方,陆林,苏勤,章锦河,孙九霞,万绪才,靳诚.新型城镇化背景下的乡村旅游发展:理论反思与困境突破[J].地理研究,2015,34(08):1409-1421.

[271] 胡静,许贤棠,谢双玉.论乡村旅游资源的可持续开发利用[J].农业现代化研究,2007(06):723-726.

[272] 李莺莉,王灿.新型城镇化下我国乡村旅游的生态化转型探讨[J].农业经济问题,2015,36(06):29-34,110.

[273] 高悦尔,涂哲智,邬晓锋,杨春.区域融入视角下美丽乡村的重构与实践:以厦门市翔安区溪美村为例[J].城市发展研究,2017,24(06):137-140.

[274] 陆林,任以胜,朱道才,程久苗,杨兴柱,杨钊,姚国荣.乡村旅游引导乡村振兴的研究框架与展望[J].地理研究,2019,38(01):102-118.

[275] 揭筱纹等.乡村旅游目的地生态文明建设与评价[M].北京:科学出版社,2021:27-31.

[276] 杨彦锋.乡村旅游:乡村振兴的路径与实践[M].北京:中国旅游出版社,2020:13-18.

[277] Garrod B, Wornell R, Youell R. Re-conceptualising rural resources as countryside capital: The case of rural tourism[J]. Journal of Rural Sutdies, 2006,22(1):117-128.

[278] 郑辽吉.乡村旅游转型升级与多功能景观网络构建[M].沈阳:东北大学出版社,2021:14-17.

[279] 袁茏.乡村旅游教程[M].北京:中国旅游出版社,2020:6-9.

[280] 徐虹,朱伟.乡村旅游创意开发[M].北京:中国农业大学出版社,2019:37-41.

[281] 王昆欣,张苗荧.乡村旅游新业态研究[M].杭州:浙江大学出版社,2019:22-25.

[282] 卜超群,李晓岑.国外气候变化与人口迁移研究[J].科技导报,2021,39(19):32-42.

[283] Steffen W, Broadgate W, Deutsch L, Gaffney O, Ludwig C. The trajectory of the Anthropocene:The great acceleration[J]. The Anthropocene Review, 2015, 2(1):

81-98.

[284] 陈明星,先乐,王朋岭,丁子津.气候变化与多维度可持续城市化[J].地理学报,2021,76(08):1895-1909.

[285] IPCC. Climate change 2021:The physical science basis[M/OL]. 2021[2021-08-06]:https://www.ipcc.ch/report/ar6/wg1/.

[286] 翟盘茂,周佰铨,陈阳,余荣.气候变化科学方面的几个最新认知[J].气候变化研究进展,2021,17(06):629-635.

[287] 刘春燕,毛端谦,罗青.气候变化对旅游影响的研究进展[J].旅游学刊,2010,25(02):91-96.

[288] Oke T R. Ctity size and the urban heat island[J]. Atmospheric Environment, 1973, 7(8):769-779.

[289] Karl T R, Diaz H F, Kukla G. Urbanization:Its detection and effect in the United States climate record[J]. Journal of Climate, 1988, 1(11):1099-1123.

[290] Zhong S, Qian Y, Zhao C, Leung R, Wang H, Yang B, Fan J, Yan H, Yang X, Liu D. Urbanization-induced urban heat island and aerosol effects on climate estrems in the Yangtze River Delta region of China[J]. Atmospheric Environment, 2017, 17(8):5439-5457.

[291] 彭少麟,周凯,叶有华,粟娟.城市热岛效应研究进展[J].生态环境,2005(04):574-579.

[292] 李书严,陈洪滨,李伟.城市化对北京地区气候的影响[J].高原气象,2008(05):1102-1110.

[293] Shepherd J M, Burian S J. Detection of urban-induced rainfall anomalies in a major coastal city[J]. Earth Interactions, 2003, 7(4):1-17.

[294] Huff F A, Changon S A Jr. Climatological assessment of urban effects on precipitation at St. Louis[J]. Journal of Applied Meteorology, 1972, 11(5):823-842.

[295] Jauregui E, Romales E. Urban effects on convective precipitation in Mexico City[J]. Atmospheric Environment, 1996, 30(20):3383-3389.

[296] 孔锋,王一飞,方建,吕丽莉.中国夏季极端降水空间格局及其对城市化的响应(1961—2010)[J].长江流域资源与环境,2018,27(05):996-1010.

[297] Alcoforado M J, Marques D, Garcia R A C, Canario P, de Fatima Nunes M, Nogueira H, Cravosa A. Weather and climate versus mortality in Lisbon(Portugal) since the 19th century[J]. Applied Geography, 2015(57):133-141.

[298] 顾朝林,张晓明,王小丹.气候变化·城市化·长江三角洲[J].长江流域资源与环境,

2011,20(01):1-8.

[299] Gruber S. Human displacement and climate change in the Asia-Pacific[J]. Social Science Electronic Publishing,2015,27(2):65-87.

[300] 新华社.习近平在第七十五届联合国大会一般性辩论上发表重要讲话[EB/OL].(2020.09.22). http://www/gov/cn/xinwen/202009/22/content55461686.htm.

[301] Davos C A, Siakavara K, Santorineou A, Side J, Taylor M, Barriga P. Zoning of marine protected areas: Conflicts and cooperation options in the Galapagos and San Andres archipelagos[J]. Ocean & Coastal Management,2007,50(3-4):223-252.

[302] 刘丽敏,钟林生,虞虎.冰川旅游研究进展与启示[J].地理科学进展,2019,38(04):533-545.

[303] 王世金,焦世泰,牛贺文.中国冰川旅游资源开发模式与对策研究[J].自然资源学报,2012,27(08):1276-1285.

[304] Diolaiuti G, Smiraglia C. Changing glaciers in a changing climate: How vanishing geomorphosites have been driving deep changes on mountain landscape and environment [J]. Geomorphologie:Relief, Processus, Environment,2010(2):131-152.

[305] 王世金,何元庆,和献中,袁健萍,李宗省.我国海洋型冰川旅游资源的保护性开发研究:以丽江市玉龙雪山景区为例[J].云南师范大学学报(哲学社会科学版),2008(06):38-43.

[306] Garavagila V, Diolaiuti G, Smiraglia C, Pasquale V, Pelfini M. Evaluating tourist perception of environmental changes as a contribution to managing natural resources in glacierized areas:A case study of the Forni Glacier (Stelvio National Park, Italian Alps) [J]. Environmental Management,2012,50(6):1125-1138.

[307] Haeberli W, Beniston M. Climate change and its impacts on glaciers and permafrost in the Alps[J]. AMBIO,1998,27(4):258-265.

[308] Purdie H. Glacier retreat and tourism: Insights from New Zealand[J]. Mountain Research & Development,2013,33(4):463-472.

[309] 陶泽兴,仲舒颖,葛全胜,戴君虎,徐韵佳,王焕炯.1963—2012年中国主要木本植物花期长度时空变化[J].地理学报,2017,72(01):53-63.

[310] 邓晨晖,白红英,高山,黄晓月,孟清,赵婷,张扬,苏凯,郭少壮.1964—2015年气候因子对秦岭地区植物物候的综合影响效应[J].地理学报,2018,73(05):917-931.

[311] Liu J, Chen F, Ge Q S, Li Y. Climate change and fruit-picking tourism: Impact and adaptation[J]. Advances in Meteorology,2016(2):1-11.

[312] Sakurai R, Jacobson S K, Kobori H, Primack R, Oka K, Komatsu N, Machida R.

Culture and climate change: Japanese cherry blossom festivals and stakeholders' knowledge and attitudes about global climate change[J]. Biological Conservation, 2011, 144(1):654-658.

[313] Liu H L, Dai J H, Liu J. Spatiotemporal variation in full-flowering dates of tree peonies in the middle and lower reaches of China's Yellow River: A simulation through the panel data model[J]. Sustainability, 2017, 9(8):1343.

[314] Bell S, Tyvainen L, Sievanen T, Probstl U, Simpson M. Outdoor recreation and nature tourism: A European perspective[J]. Living Reviews in Landscape Research, 2007, 1(2):493-505.

[315] 苏力德,杨劼,万志强,谷蕊,闫玉龙,高清竹.内蒙古地区草地类型分布格局变化及气候原因分析[J].中国农业气象,2015,36(02):139-148.

[316] 刘俊,黄莉,孙晓倩,李宁馨,张恒锦.气候变化对中国观鸟旅游的影响:基于鸟类物候变化的分析[J].地理学报,2019,74(05):912-922.

[317] Gossling S, Hansson C B, Horstmeier O, Saggel S. Ecological footprint analysis as a tool to assess tourism sustainability[J]. Ecological Economics, 2002, 43(2-3):199-211.

[318] UNWTO, UNEP, WMO. Davos declaration. Climate change a tourism: Responding to global challenges[R]. United Nations World Tourism Organization (UNWTO), United Nations Environment Programme (UNEP), World Economic Forum, and World Meteorological Organization (WMO), 2007:63-79.

[319] World Travel and Tourism Council (WTTC). Travel & tourism 2015. Connecting global climate action. Executive summary[R]. London: WTTC, 2015:67-78.

[320] Gossling S, Peeters P. Assessing tourism's global environmental impact 1900-2050[J]. Journal of Sustainable Tourism, 2015, 23(5):639-659.

[321] Lenzen M, Sun Y Y, Faturay F, Ting Y P, Geschke A, Malik A. The carbon footprint of global tourism[J]. Nature Climate Change, 2018, 8(6):522-528.

[322] Scott D, Hall C M, Gossling S. A report on the Paris Climate Agreement and its implications for tourism: Why we will always have Paris[J]. Journal of Sustainable Tourism, 2016, 24(7):933-948.

[323] UNWTO. Tourism Highlights. 2017 Edition. [EB/OL]. [2017.09.08]: http://www.e-unwto.org/doi/pdf/10.18111/9789284419029.

[324] 郑杰,张茹馨,雷硕,马奔,温亚利.气候变化对游客生态旅游行为的影响研究:以秦岭地区为例[J].资源开发与市场,2018,34(07):987-991,1036.

[325] Cox M, Ellsworth D. Application-controlled demand paging for out-of-core visualization[C]. Proceedings of the 8th Annual IEEE Conference on Visualization, 1997:82-90.

[326] Bryson S, Kenwright D, Cox M, Ellsworth D, Haimes R. Visually exploring gigabyte data sets in real time[J]. Communications of the ACM, 1999, 42(8):82-90.

[327] Manyika J, Chui M, Brown B, et al. Big data: The next frontier for innovation, competition, and productivity[R/OL].[2022-02-10]. http://www.mckinsey.com/Insights/MGI/Research/Technology _and _Innovation/Big_data _The _next _frontier _ for _innovation.

[328] 张引,陈敏,廖小飞.大数据应用的现状与展望[J].计算机研究与发展,2013,50(S2):216-233.

[329] 李国杰,程学旗.大数据研究:未来科技及经济社会发展的重大战略领域:大数据的研究现状与科学思考[J].中国科学院院刊,2012,27(06):647-657.

[330] Wikiprdia. Big data.[EB/OL]. 2009.[2022-02-10]. https://en.wikipedia.org/wiki/Big_data.

[331] 孟小峰,慈祥.大数据管理:概念、技术与挑战[J].计算机研究与发展,2013,50(01):146-169.

[332] 中华人民共和国国家互联网信息办公室.大数据白皮书(2014)[EB/OL].(2014-06-18).[2022-02-10]. http://www.cac.gov.cn/2014-06/18/c_1111184441.htm.

[333] 朱扬勇,熊赟.大数据是数据、技术、还是应用[J].大数据,2015,1(01):78-88.

[334] 张建涛,王洋,刘力钢.大数据背景下智慧旅游应用模型体系构建[J].企业经济,2017,36(05):116-123.

[335] Laney D. 3D data management: controlling data volume, velocity and variety[R/OL].(2001-02-06)[2022-02-10]. https://studylib.net/doc/8647594/3d-data-management-con-trolling-data-volume-velocity-an.

[336] IBM. The Four V's of Big Data[EB/OL].(2011-09-17)[2022-02-10]. https://www.ibmbigdatahub.com/infographic/four-vs-big-data.

[337] 郭平,王可,罗阿理,薛明志.大数据分析中的计算智能研究现状与展望[J].软件学报,2015,26(11):3010-3025.

[338] 马世龙,乌尼日其其格,李小平.大数据与深度学习综述[J].智能系统学报,2016,11(06):728-742.

[339] 李恒,全华.基于大数据平台的旅游虚拟产业集群研究[J].经济管理,2018,40(12):21-38.

[340] 黎霙.旅游大数据研究[M].北京:中国经济出版社.2018:11-12.

[341] 托马斯·埃尔,瓦吉德·哈塔克,保罗·布勒.大数据导论[M].彭智勇,杨先娣,译.北京:机械工业出版社,2017:14-15.

[342] 刘章发.大数据背景下跨境电子商务信用评价体系构建[J].中国流通经济,2016,30(06):58-64.

[343] 刘智慧,张泉灵.大数据技术研究综述[J].浙江大学学报(工学版),2014,48(06):957-972.

[344] 李君轶,张柳,孙九林,等.旅游信息科学:一个研究框架[J].旅游学刊,2011,26(06):72-79.

[345] 迟玉琢.大数据背景下的情报分析[J].情报杂志,2015,34(01):18-22.

[346] 张补宏,周旋,广新菊.国内外旅游在线评论研究综述[J].地理与地理信息科学,2017,33(05):119-126.

[347] 湛研.智慧旅游目的地的大数据运用:体验升级与服务升级[J].旅游学刊,2019,34(08):6-8.

[348] 张啸剑,孟小峰.面向数据发布和分析的差分隐私保护[J].计算机学报,2014,37(04):927-949.

[349] 李云鹏.旅游场景驱动的大数据应用[J].旅游学刊,2017,32(09):4-6.

[350] 景政彬.大数据让度假区插上智慧的翅膀[J].旅游学刊,2017,32(10):3-4.

[351] 李玲.运营商大数据在旅游行业应用的现状及思考[J].旅游学刊,2017,32(09):9-11.

[352] 吴开军.旅游大数据研究热点及特征探析:基于国外文献的分析[J].统计与信息论坛,2019,34(04):105-113.

[353] Xiang Z, Du Q, Ma Y, Fan W. A comparative analysis of major online review platforms: Implications for social media analytics in hospitality and tourism[J]. Tourism Management, 2016(58):51-65.

[354] Shoval N, Ahas R. The use of tracking technologies in tourism research: the first decade[J]. Tourism Geographies, 2016, 18(5):587-606.

[355] Yang X, Pan B, Evans J A, Lv B. Forecasting Chinese tourist volume with search engine data[J]. Tourism Management, 2015(46):386-397.

[356] Li X, Pan B, Law R, Huang X. Forecasting tourism demand with composite search index[J]. Tourism Management, 2016(59):57-66.

[357] Vasant D. Data science and prediction[J]. Communications of the Acm, 2013, 56(12):64-73.

[358] 赵俊华,董朝阳,文福拴,薛禹胜.面向能源系统的数据科学:理论、技术与展望[J].电

力系统自动化,2017,41(04):1-11,19.

[359] Heerschap N, Ortega S, Priem A, Offermans M. Innovation of tourism statistics through the use of new big data sources[C]. 12th Global Forum on Tourism Statistics. The Netherlands:Statistics Netherlands, 2014:15-16.

[360] Graham M, Shelton T. Geography and the future of big data, big data and the future of geography[J]. Dialogues in Human Geography, 2013, 3(3):255-261.

[361] Wu Z, Chan Y, Dang A, Gong J, Gao S, Lei Y, Zhen F. When geography meets big data:Popular reactions and cold thoughts[J]. Geography Reactions, 2015, 34(12): 2207-2221.

[362] Li J, Xu L, Tang L, Wang S, Li L. Big data in tourism research:A literature review [J]. Tourism Management, 2018(68):301-323.

[363] Qin X, Zhen F. Combing between big data and small data:New methods of urban studies in the information era[J]. Journal of Big Data, 2017, 37(3):321-330.

[364] Ahas R, Aasa A. Mark U, Pae T, Kull A. Seasonal tourism spaces in Estonia:Case study with mobile positioning data[J]. Tourism Management, 2006, 28(3):898-910.

[365] Tiru M, Saluveer E, Ahas R, Aasa A. The positium barometer:A web-based tool for monitoring the mobility of tourists[J]. Journal of Urban Technology, 2010, 17(1):71-89.

[366] Raun J, Ahas R, Tiru M. Measuring tourism destinations using mobile tracking data [J]. Tourism Management, 2016(57):202-212.

[367] Nilbe K, Ahas R, Silm S. Evaluating the travel distances of events visitors and regular visitors using mobile positioning data:The case of Estonia[J]. Journal of Urban Technology, 2014, 21(2):91-107.

[368] Shoval N, Isaacson M. Tracking tourists in the digital age[J]. Annals of Tourism Research, 2006, 34(1):141-159.

[369] Pan G, Qi G, Wu Z, Zhang D, Li S. Land-use classification using taxi GPS traces[J]. IEEE Transactions on Intelligent Transportation Systems, 2013, 14(1):113-123.

[370] Zheng W, Huang X, Li Y. Understanding the tourist mobility using GPS:Where is the next place? [J]. Tourism Management, 2017(59):267-280.

[371] Luo X,Dong L, Dou Y, Zhang N, Ren J, Li Y, Sun L, Yao S. Analysis on spatial-temporal features of taxis' emissions from big data informed travel patterns:A case of Shanghai, China[J]. Journal of Cleaner Production, 2016(142):926-935.

[372] Edwards D, Griffin T. Understanding tourists' spatial behaviour:GPS tracking as an

aid to sustainable destination management[J]. Journal of Sustainable Tourism, 2013, 21(4):580-595.

[373] Luo S, Zhen F, Yin Q. How built environment influence public bicycle usage:Evidence from the bicycle sharing system in Qiaobei Area, Nanjing[J]. Scientia Geographical Sinica, 2017, 38(3):332-341.

[374] Jin C, Cheng J, Xu J, Huang Z. Self-driving tourism induced carbon emission flows and its determinants in well-developed regions:A case study of Jiangsu Province, China [J]. Journal of Cleaner Production, 2018, 186(10):191-202.

[375] Scuttari A, Lucia M D, Martini U. Integrated planning for sustainable tourism and mobility. A tourism traffic analysis in Italy's South Tyrol region[J]. Journal of Sustainable Tourism, 2013, 21(4):614-637.

[376] Girardin F, Fiore F D, Ratti C, Blat J. Leveraging explicitly disclosed location information to understand tourist dynamics:A case study[J]. Journal of Location Based Services, 2008, 2(1):41-56.

[377] Hawelka B, Sitko I, Beinat E, Sobolevsky S, Kazakopoulos P, Ratti C. Geo-located Twitter as proxy for global mobility patterns [J]. Cartography and Geographic Information Science, 2014, 41(3):260-271.

[378] Xu F, Zhen F, Qin X, Wang X, Wang F. From central place to central flow, an exploration at urban catering in Nanjing [J]. Tourism Geographies, 2018 (21): 121-142.

[379] Yang Y, Roehl W S, Huang J. Understanding and projecting the restaurantscape:The influence of neighborhood sociodemographic characteristics on restaurant location[J]. International Journal of Hospitality Management, 2017(67):33-45.

[380] Benıtez-Aurioles B. The role of distance in the peer-to-peer market for tourist accommodation[J]. Tourism Economics, 2018, 24(3):237-250.

[381] Gunter U, Onder I. Forecasting city arrivals with Google analytics[J]. Annals of Tourism Research, 2016(61):199-212.

[382] Marine-Roig E. Measuring Destination Image through Travel Reviews in Search Engines[J]. Sustainability, 2017, 9(8):1425.

[383] Bramwell B, Higham J, Lane B, Miller G. Twenty-five years of sustainable tourism and the Journal of Sustainable Tourism:Looking back and moving forward[J]. Journal of Sustainable Tourism, 2016, 25(1):1-9.

[384] Zhang J. Big data and tourism geographies-an emerging paradigm for future study?

[J]. Tourism Geographies, 2018, 20(5): 899-904.

[385] Martin C E. Ethical issues in big data industry[J]. MIS Quarterly Executive, 2015, 14(2): 1-2.